学生国学丛书新编

主编 王 宁

顾问 顾德希

韩非子

唐敬杲 选注

赵学清 校订

创于1897 商务印书馆 The Commercial Press

学生国学丛书新编

主　　编：王　宁
顾　　问：顾德希
特约编辑：杨志刚
审 稿 组：党怀兴　董婧宸　凌丽君
　　　　　赵学清　周淑萍　周玉秀

总序之一

——在阅读中走近中华优秀传统文化

王　宁

王云五、朱经农主编的《学生国学丛书》，是一套为中学生和社会普及层面阅读古代典籍所做的文言文选本。它隶属在王云五做总主编的《万有文库》之下，1926年开始陆续由商务印书馆出版。20世纪20年代开始策划时，计划出60种，后来逐渐增补，到1948年据说已经出版了90种；因为没有总目，我们现在搜集到的仅有71种。由于今天弘扬中华优秀传统文化和提高文言文阅读能力的社会需要，我们决定对这套丛书进行适应于现代的加工编辑，将它介绍给今天的读者。

在推介这套丛书的时候，我们保存了原编的主要面貌：选书与选篇基本不变，将原书绪言保留下来，每篇选文原注所选的注点，也作为这次新编的重要参考。这样做是为了尽量借鉴前贤的一些构思和做法，并保留当时文言文阅读水平的基本面貌，作为今天的参考。

《学生国学丛书》是本着商务印书馆“昌明教育，开启民智”的一贯宗旨编选的，阅读群体应当主要是当时的中学生。20年代的中学生阅读文言文的水平显然比今天高一些，因为那时阅读文言文的社会环境与现在不同，虽然白话文已经通行，但书信、公文、教科书和报刊中，都还保留了不少文言文。国文课的师资，很多也是在国学上有一些根柢的文士。在知识界和语文教育界，文言文阅读还不是什么难事。今天，文言文阅读水平既关系到继承和弘扬中华优秀传统文化的效能，又关系到现代社会总体人文素质的提高，应当达到什么程度最为合适？民国时期是可以作为一个基准线的。

《学生国学丛书》体现了20世纪之初一些爱国的出版家和教育家把中华优秀传统文化传承给下一代的情怀、理想和实干精神。他们策划这套丛书的宗旨和编则，可资借鉴的地方很多，他们的实践经验、教育精神和国学学养值得我们学习的地方也很多。这一点，是我们了解了丛书的主编和40多位编选者的情况后感受到的。

丛书的主编王云五、朱经农，都是我国20世纪初爱国、革新的出版家。王云五主编《万有文库》，开创了我国图书出版平民化的新纪元，体现了新文化运动中普及文化教育的先进思想。《学生国学丛书》是《万有文库》里专门为中学生编选的，目的是将弘扬民族文化精华的理念带入初等教育，这在当时不能不说是有远见的。两位主编不论在反对封建帝制的革命中，还是在民族危难的救国图强斗争中，都有可圈可点的事迹，值得钦佩。与两位主编合作的40多位编写者，多是辛亥革命的参与者和新文化运动的前沿人物。他们熟悉古代文典，对中国文化理解通透，领悟深刻，又有强烈的反封建意识；其中很多都在中小学教育领域里有过丰富的实践经验，教过国文，编过教材，研究过教法。这里有我们十分熟悉的教育家和文学家，如我国现代教育特别是语文教育的领军人物叶绍钧（他后来的名字是叶圣陶），新文化运动的先驱者、中国革命文艺的奠基人之一、著名作家茅盾（他当时的名字是沈德鸿，后来为大家熟悉的姓名是沈雁冰）。这两位，多篇作品都被收入中学语文课本，20世纪50年代以后的老师、同学是无人不知的。其他如著作丰厚、名震一时的藏书家胡怀琛，国学根柢深厚、考据功底极深、《中国人名大辞典》《中国古今地名大辞典》的主要编写人臧励龢，我国语文教育的改革家庄适等。

20世纪初的中国社会，多种文化思潮纷纭杂沓：改良主义者提出“师夷制夷”“严祛新旧之名，浑融中外之迹”的折中主张；历史虚无主义者在“全盘西化”的徽帜下将西方的一切甚至文化垃圾照单全收；殖民主义文化论者叫嚣中国道德一律低级粗浅，鼓吹欧洲人生活方式总体文明高超；另一方面，封建复辟野心家的代言人则一味复古，用古代的文化糟粕来抵抗新文化的建构。这些，都对比出爱国的出版家、学问家、教育家既要固本又要创新的理想和实践精神的可贵；也让我们认识了新文化运动及革命文学的前沿人物坚守教育阵地的不懈努力，懂得了他们的编纂意图和深厚学养。保留丛书主要面貌，就是对他们成果的尊重和信任。

随着中华优秀传统文化的广泛传播，随着中小学语文教学改革的深入发展，在读书成为教师、家长和渴求文化的大众普遍要求之时，文言文阅读将会是其中一个重要的内容。有人说，文言只是一种古代的书面语，口语交际和现代文本已经不再使用，我们为什么还要学习文言文呢？在推介这套丛书的时候，我们有必要来回答这个问题。

文言是古代知识分子和正统教育使用的书面语言，具有超越时代、超越方言的特性，因而也同时具有了记载数千年中华民族灿烂文化的主要功能，它是与中华民族文明史共存的。许慎《说文解字叙》说汉字的作用是“前人所以垂后，后人所以识古”，这两句话即是对汉字记录的文言说的。我国历史悠久，文化遗产丰富，用文言记录的历史文献，用文言撰写的文学作品，多到不可计数，只有学习它，才能从古知今，以史为鉴。文言所记录的，不仅是古代社会的典章制度和政治经济，还有先贤哲人的人生经验和思想哲理，让我们看到中华民族一代又一代人的智慧。想想看，如果我们及早领会了古人“斧斤以时入山林”的采伐规则，便不会过度开发建材，造成那么多秃山荒岭，把气候搞得这样糟糕。我们读过也理解了“今之孝者是谓能养。至于犬马，皆能有养。不敬，何以别乎”这段话，就会在对待长者时，把他们的尊严看得和他们的生计同等甚至更加重要！“防民之口甚于防川”“水能载舟亦能覆舟”，这是对阻塞言路者多么深刻的警醒。在道德重建的今天，中国传统道德中“己所不欲勿施于人”的利他主义，“爱民”“富民”“民为重”的民本思想，“以不贪为宝”的清廉品德，“志士不忘在沟壑，勇士不忘丧其元”的大义凛然态度，“吾日三省吾身”的自律精神，“君子怀刑”的守法意识，……这些，即使在今天的一般阅读中，也已经深入人心。可以想见，进入深度阅读后，我们一定会受到更多的启迪，在阅读中产生更多的惊喜。著名的国学大师、革命家和思想家章太炎，1905年7月15日在东京留学生欢迎会上演讲时说：“近来有一种欧化主义的人，总说中国人比西洋人所差甚远，所以自甘暴弃，说中国必定灭亡，黄种必定剿灭。因为他不晓得中国的长处，见得别无可爱，就把爱国爱种的心日衰薄一日。若他晓得，我想就是全无心肝的人，那爱国爱种的心，必定风发泉涌，不可遏抑的。”阅读文言文，就是要使我们具有这种文化自信。是的，遗产是有精华也有糟粕的，古代的未必都适合今天；我们只有真正读懂文典，将历史面貌还原，再有了正确的价值观，才能辨析断识，而不是道听途说，更不会受人蛊惑。在这个意义上，文言文阅读作为吸收中华优秀传统文化的必要途径，绝不是可有可无的。

文言文阅读是产生汉语正确语感的一个重要源泉。汉语不是一潭死水，从古到今，不知吸收了多少其他民族的词汇和句法，也曾经夹杂着很多不雅甚至不洁的成分；但是，文言经过数千年的洗涤、锤炼，已经渐渐将切合者融入，不切合者抛弃。经过大浪淘沙、优胜劣汰而能流传至今的美文巨制，会更加显现汉语的特点。而现代汉语刚刚一个世纪，在根柢不深、修养不佳的人们的口语里、文辞中，常常会受外语特别是英语的影响，受不健康的市井俚语的侵染，产出一种杂糅的语言。我们想在运用现代汉语时真正体现出汉语的特点，比如词汇丰富、句短意深、注重韵律、构造灵活等，提高用健康、优美的汉语表达正确、深刻的思想的能力，文言会带给我们一些天然的汉语语感。热爱自己的本国语言，不断提高运用汉字汉语的能力，这是每一个人文化素养中最重要的表现；克服语言西化、杂糅的最好办法，是在学习规范、优美的现代汉语的同时，对文言也有深入的感受和体验。

文言文阅读还是从根本上理解现代汉语的重要条件。人们都认为现代汉语与文言差别很大，初读时甚至感到疏离隔膜、难以逾越。其实，汉语是一种词根语，词汇和语义的传衍非常直接，文言中百分之七十的词汇、词义，在现代汉语的构词法里都能找到。在书面语里，文言单音词的构词能量有时会比口语词更强。经过辗转引用积淀了深厚文化底蕴的典故、成语，成为使用汉语可以撷取的丰富宝库。如果我们对文言一无所知，是很难深入理解现代汉语的。有些人认为，在语文教学中现代文阅读和文言文阅读是两条线，其实，在词汇积累层面上，应该把它们并成一条线。学习文言与学习现代汉语，在积累词汇、理解意义、体验文化、形成语感方面是相辅相成的。

在推介《学生国学丛书》的时候，我们也有另外一重考虑。这套丛书毕竟经过了将近一个世纪，时代和社会都发生了根本的变化，我们有了更加明确的核心价值观和适应于现代的审美意识，语言、文字、文学、文献、教育都有了更新的研究成果，对丛书进行适度的改编，也是绝对必要的。所以，这次新编，我们主要做了五项工作：第一，为了今天在校学生和普通读者阅读的方便，改竖排为横排，标点符号也随之改为现代横排的规范样式。第二，变繁体字为简化字，在繁简转换的过程中，对在文言文语境中有可能产生意义混淆的用字，做了合理的处理。第三，采用今天所见较好的古籍版本对原书的选文进行了审校，订正了文句的错、讹、脱、衍。第四，对原书的注释进行了修改、加工、调整，使注释更加准确、易懂，对地名和名物词的解释，也补充了最新的资料。第五，撰写了新编导言，放在原书绪言的前面。原编者和新编者对同一部书和同一篇文的看法，或所见略同，或相辅相成，或角度各异，或存在分歧，都能促进阅读者的思考和讨论，引发延展性学习，带动更多篇目和整本书的阅读。

《学生国学丛书》本来是一套开放的丛书，我们还会根据教学和读者的需要，补充一些当时没有被选入的优秀古代典籍的选本，使新编的丛书不断丰富。

我国每年有将近两亿的青少年步入基础教育，一个孩子有不止一位家长，这是一个多么庞大的读书群体。将一个世纪以前的《学生国学丛书》通过新编激活，让它走进一个新的时代，更好地发挥它在语文教育和弘扬我国优秀传统文化中的作用，这是我们之所愿，也希望能使编写这套书的前辈们夙愿得偿。

总序之二

——植入健康的文化基因

顾德希

优秀的传统文化是中国人的精神家园。学生多读些国学典籍，将有助于把优秀传统文化的基因植入肌体。王宁老师的“总序”，对本丛书的这一编辑意图已有深入全面的阐释，我打算就如何阅读这套丛书，或者说如何阅读文言文，做些补充性说明。

这套丛书的每一本，都专门写了新编导言。这是今日读者和原书连接的桥梁。人们常把桥梁喻为过河的“方法”，所以也可以说，新编导言之所谓“导”，就是力图为各类学生和更多读者提供一些阅读的方法。

这套丛书有好几十本，都是极有价值又有相当难度的国学经典，如不讲究阅读方法，编辑意图的实现会大打折扣。但这些经典差异性很大，《楚辞》和《庄子》的阅读肯定很不同，《国语》和《周姜词》的阅读方法差别就更大，即使同是词，读《苏辛词》与《周姜词》也不宜用完全相同的方法。因此本丛书新编导言所提供的阅读方法，针对性很强，因书而异。但异中有同，某些共性的方法甚至更为重要。不过，这些共性的方法渗透在每一篇导言中，未必能引起足够重视。下面，我想谈谈文言文阅读的四个具有共性的方法。

一、了解作者和相关背景，了解每本书的概貌，对每本书的阅读都很重要，这毋庸置疑。但一般读者了解这类相关知识，目的仅在于走近这本书。因而涉及作者、背景、概貌等，导言中一般不罗列专业性强的知识，而诉诸比较精要的常识性叙述。比如对《吕氏春秋》作者吕不韦，并没有全面介绍，也没有像过去那样从伦理道德上对这个历史人物加以贬抑，而只侧重叙述了他作为政治家的特点，因为明乎此便很有助于了解《吕氏春秋》。又如《世说新语》的成书背景有其特殊性，也需要了解，但限于篇幅，叙述的浓缩度很大。凡此种种必要的常识，新编导言里一般是点到为止，只要细心些，便不难从中获得多少不等的启发。兴趣浓厚者，查找相关知识也很容易。

二、借助注解疏通文本大意之后，就要反复诵读。某些陌生的词句，更要反复诵读。一句话即使反复诵读二十遍也用不了两三分钟，但这两三分钟却非常重要。

“诵读”是出声音的读，但并不是朗诵。大家所熟悉的现代文朗诵，不完全适用于文言诗文。朗诵往往是读给别人听，诵读却是读给自己听。古人所谓“吟咏”，是适合于当时人自己感悟的一种诵读。今天的诵读，用普通话即可，节奏、抑扬、强弱、缓急，都无客观规定性，可随自己的感受适当处理。如果阅读文言文而忽略了诵读，效果至少打一个对折。不念出声音的默读，是只借助视觉器官去感知；出声音的诵读，是把视觉、听觉都动员起来的感知，其所“感”之强弱不言而喻。而且一旦读出声音，就让声带、口腔等诸多器官的运动参与进来了，凡诉诸运动器官的记忆，最容易长久。会骑车的人，多年不骑，一登上车还是会骑。因为骑车的感觉是一种运动记忆。文言语感的牢固形成与此类似。古人所谓“心到、眼到、口到”之说，实在是高效形成文言语感的极好方法。不管是成篇诵读，片段诵读，还是陌生词句的反复诵读，都是提升文言文阅读能力的好办法。本丛书的每一篇新编导言并未反复强调“诵读”，但各种阅读建议无不与某些片段的反复读相关。既读，就要“诵”，这是文言文阅读的根本方法。

三、应用。这是与文言翻译相对而言的。把文言文阅读的重点放在“翻译”上，副作用很多。一是不可避免信息的丢失。概念意义、情味意蕴，都会丢失。课堂教学中让学生把一篇文言文从头到尾“对号入座”地搞翻译，是文言教学中的无奈之举。一句一句，斤斤计较于文言句法词法和现代汉语的异同，结果学生的诵读时间没有了，刻意去记的往往是别别扭扭的“译文”，而精彩的原文反倒印象模糊，这不是买椟还珠吗！所以，在疏通大意、反复诵读的同时，一定要重视“应用”。应用，就是把某些文言词句直接“拿来”，用在自己的话语当中。比如，在复述大意时，在谈阅读感受理解时，不妨直接援引几句原话。如果能把原文中的某些语句就像说自己的话一样，自然而然地穿插到自己的述说中，那就是极好的应用。本丛书新编导言中援引原作并有所点评、有所串释、有所生发之处很多，但绝不搞对号入座的翻译，这不妨看作文言文阅读方法的一种示范。新编导言中有很多建议，要求结合作品谈个什么问题，探究个什么问题，都不同程度地含有这种“应用”的要求。

四、坚持自学。这套丛书，为学生自学文言文敞开了大门。学生文言文阅读的状况永远会参差不齐。同一个班的高中生，有的已把《资治通鉴》读过一遍，有的能写出相当顺畅的文言文，但也有的却把“过秦论”读成“过奏论”，这是常态。只靠面对几十个人的文言课堂讲授，几乎不可能使之迅速均衡起来。只有积极倡导自主性学习，才可能有效提高教学质量。本丛书的新编导言，高度重视对文言自学的引导。每篇新编导言都就怎样去读提出许多建议。这些建议有难有易，不是要求每一个人全都照着去做。能飞的飞，能跑的跑，快走不了的慢走也很好。新编导言在“导”的问题上，从不同层次上提出不同建议，相信各类学生都能找到适合自己的要求。只要选择适合自己或者自己感兴趣的要求，坚持不懈去“读”，去“用”，文言文的自学一定会出现令人惊喜的成果。从这个意义上说，本丛书的每一本，都是适合于各类读者自学国学经典的好读本。每一本中经过精心处理的注解，是自学的好帮手；而每一篇新编导言，又都可对自学起到切实的引导作用。只要方法对，策略恰当，那么这套丛书肯定能帮助我们有效提高文言文阅读水平。

目前，在深化高中语文课改的大背景下，很多学校高度重视突破过去那种一篇篇细讲课文的单一教学模式，开始重视“任务群”的学习，重视整本书的阅读，重视选修课的开设，重视校本课程的建设。在这样的大背景下，如果学校打算从本丛书中选用几本当作加强国学教育的校本教材，那么“新编导言”对使用这本书的教师来说，也可起到某种“桥梁”作用。

不管用一本什么书来组织学生学习，都必须对学生怎样读这本书有恰当引导。这是提高教学质量的一定不移之理。恰当的引导，要有助于各类学生更好地进入这本书的阅读，要有助于各类学生更好地开展自主性学习，要使之在文本阅读中进行有益的探究，并获得成功的喜悦。为了使新编导言的“导”能起到这样的作用，本丛书专门组织了多位一线优秀教师先期进入阅读，并把成功教学经验融入新编导言。因此，我们有理由相信，新编导言可以成为组织学生学习活动的有益借鉴。导言中结合具体作品对阅读所做的那些启发、引导，针对不同水平读者分层提出的那些建议，都将有助于教师结合自己学生的实际情况进一步拟出付诸实施的具体导学方案。

我相信，只要阅读文言文的方法恰当，只要各类读者从实际情况出发，循序渐进地学，优秀传统文化的基因就一定能更好地植入肌体。

目　录

新编导言

一

《韩非子》是我国思想史、政治史上的重要经典。要了解法家思想，了解秦汉至明清的政治，就不能不读它。

韩非生活在战国后期。那时的各国为了生存，都努力去强化国家统治，各个学派也都力图给出良方。儒家那时虽被称为“显学”，但其“仁爱”“王道”等思想却被认为不切实际，而提供了称王称霸方略的法家则得到认可。韩非是法家学派的集大成者，他的势、术、法相结合的思想，为秦始皇的大一统方略提供了理论依据。

原书绪言介绍了韩非生平。其中所引司马迁的话“韩非者，韩之诸公子也”，值得注意。“诸公子”就是庶子。相对于嫡子来说，庶子是“远臣”。由此可知，远离君父的境遇，让韩非倍感压抑愤懑。而韩非比那些享有巨大实惠的嫡子们更关心韩国命运。他有远大的政治理想，多次上书韩王安，表达对国家命运的忧虑，但得不到重视。于是他化愤懑为文字，将批判的矛头直指那些蒙蔽君主的“重人”“奸臣”，这在《孤愤》《八说》《有度》中都有表现。同时，他进一步将批判的矛头指向要挟君主的各种社会力量，如诸侯、百官等，指向影响君主统治的各种社会力量，如“五蠹”（即学者、游说者、剑侠、患御者、商工之民），这体现在《亡征》《五蠹》《诡使》诸篇中。

韩非作品被后人辑录为《韩非子》。全书55篇，本书选了其中的19篇，可体现《韩非子》的主要思想。这19篇中，正面论述“形名法术”的最多，如《有度》《亡征》《守道》《定法》《五蠹》《显学》《心度》等；批判政治现实的也较多，如《问辩》《诡使》《六反》等。此外，可属“辩难”类的有《难势》，可属“策术”类的有《说难》，可属“明志”类的有《孤愤》《和氏》。其他如《主道》《扬权》《奸劫弑臣》等，可属“综论道法思想”类。

二

《韩非子》很值得精读。就文章而言，这是一部成熟的说理散文集。韩非的文章，首尾贯通，逻辑严密，说理透彻，气势逼人。而与先秦其他诸子散文的明显不同，则是他的文章篇幅很长，动辄千字，甚至几千字，这会让今天的读者读起来感到困难较大。

兹提三点建议，供阅读本书参考。

第一，观其大略，整体把握。

阅读本书某一篇时，最好不要首先关注太多细节，而要注意抓住主干，大致理清脉络。文章内容可以包罗万象，但必有主次之分、轻重之别。说理文在这一点上尤为显著。所谓观其大略，就是首先把握主要观点，把握主干、脉络，然后再选择感兴趣之处精读细品。

下面，我们以《五蠹》为例，说明怎样观其大略。

《五蠹》一篇的核心观点，出现在文章结尾：

> 人主不除此五蠹之民，不养耿介之士，则海内虽有破亡之国、削灭之朝，亦勿怪矣。

韩非提出君主要除“五蠹之民”，这是“破”；同时提出“养耿介之士”，这是“立”。那么，“五蠹之民”是什么人？为什么要“除”之？而在核心观点之前，作者对“五蠹”已有阐述：

> 是故乱国之俗，其学者，则称先王之道，以籍仁义，盛容服而饰辩说，以疑当世之法，而贰人主之心；其言古者，为设诈称，借于外力，以成其私，而遗社稷之利；其

带剑者，聚徒属，立节操，以显其名，而犯五官之禁；其患御者，积于私门，尽货赂，而用重人之谒，退汗马之劳；其商工之民，修治苦窳之器，聚弗靡之财，蓄积待时，而侔农夫之利。此五者，邦之蠹也。

把这里的意思大致梳理一下：

学者——儒生，对抗、淆乱法律，蛊惑君主；

言古者——四处游说的纵横家，只顾私利，使国家利益受损；

带剑者——当属游侠一类人物，任意违反国家禁令；

患御者——畏惧服兵役的人，贿赂权贵以逃避兵役；

商工之民——商人、工匠等，囤积财货，搜刮农民的利益。

这便清楚了“五蠹”是什么人。而“耿介之士”又指什么人呢？若把视野再稍扩大，就会注意到阐述五蠹害民之前的一句：

聚敛倍农，而致尊过耕战之士，则耿介之士寡，而高价之民多矣。

据此可知，这里所说的“耕战之士”——农民和士兵，就是韩非所说的“耿介之士”，他认为这才是国家最需要的人。不过，《五蠹》一文以“破”为主，对养“耕战之士”的重要性没展开阐述。

经过这样一番梳理，我们对《五蠹》一文的核心观点便基本掌握了，这便是观其大略。

也许有人会问，二三百字就能说清的问题，韩非为何要洋洋洒洒写上四千多字？其实这也很容易明白。因为，写文章，若仅仅说出结论，是很难服人的。韩非文章的读者，是特定的人——君主。所以，韩非一定要把道理铺展开来，要写得有深度，有广度，有力度，还要合逻辑，骋文采，有趣味，这才可能去说服君主。因此，《五蠹》结尾段之前四千来字，都是必要的铺垫。但我们今天的读者完全可以“把一大片读成一条线”，迅速检索出核心观点，以观其大略。

在此基础上，我们还可进一步梳理文章的脉络。比如：

> ① 是以圣人不期修古，不法常可，论世之事，因为之备。
>
> ② 故圣人议多少，论薄厚为之政。
>
> ③ 故曰：“事异则备变。”
>
> ④ 夫古今异俗，新故异备。

⑤ 是以赏莫如厚而信，使民利之；罚莫如重而必，使民畏之；法莫如一而固，使民知之。

⑥ 儒以文乱法，侠以武犯禁，而人主兼礼之，此所以乱也。

⑦ 夫治世之事，急者不得，则缓者非所务也。

⑧ 故明主之国，无书简之文，以法为教；无先王之语，以吏为师；无私剑之捍，以斩首为勇。是以境内之民，其言谈者必轨于法，动作者归之于功，为勇者尽之于军。是故无事则国富，有事则兵强，此之谓王资。

⑨ 治强不可责于外，内政之有也。今不行法术于内，而事智于外，则不至于治强矣。

⑩ 是以公民少而私人众矣。

⑪ 夫明王治国之政，使其商工游食之民少，而名卑以寡……。

这11条都是重要观点，加点字词就显示了作者对其重要性的强调。如把这11条加以梳理，则不难看出：①—⑤是立论的理论基础，即“世”（时代）不同，“事”（情况）便有差异，而“备”（措施）也需做出相应改变。这些观点表明了韩非批判儒家、弘扬法家的立场。⑥—⑪可看作韩非对“五蠹之民”的逐一批判，指明其危害，反复强调“五蠹之民”乱国败政，非铲除不可。这些观点的阐述，形成百川归海之势，有力支撑了结尾所申明的核心观点。

把脉络大致梳理清楚了，观其大略的可靠度就更高了。

这种观其大略的方法，不仅适用于《五蠹》，也适用于其他篇章。不过，阅读经典还不应止步于此。

第二，玩味细节，慎思明辨。

这也就是前文所说“选择感兴趣之处精读细品”。当我们观其大略之后，便可对文中某些感兴趣的问题反复琢磨，从不同角度上质疑、设问、深思，这样就会有更多发现。

《五蠹》中故事甚多，有个小故事似属细节，但也值得玩味：

> 楚之有直躬，其父窃羊而谒之吏。令尹曰：“杀之！”——以为直于君而曲于父，报而罪之。

这故事讲楚国的直躬揭发了父亲窃羊的罪行，令尹却以不孝的罪名杀了直躬。韩非认为直躬检举父亲是对的，令尹的做法错误。因为，杀掉直躬，不利于检举犯罪，直躬“直于君”，不该“罪之”。

这个故事在《论语·子路》篇中也有记载：

> 叶公语孔子曰：“吾党有直躬者，其父攘羊，而子证之。”孔子曰：“吾党之直者异于是。父为子隐，子为父隐，

直在其中矣。”

孔子的观点与韩非截然相反，认为“子为父隐”才是正确的，而直躬的“证之（举证、告发）”是错误的。

那么，直躬检举父亲到底错没错？围绕这个问题，可以有许多不同见解。

例如，认为检举与不检举各有利弊。若检举，社会公义得到维护，但父子亲情受到损害；若不检举，则公义受损，但父子亲情得到维护。

又如，认为儿子不检举，社会公义也不一定得不到维护。理由是法庭可以通过其他渠道获取证据。即使证据不足，无法治罪，一只羊失窃，对社会危害也不大。何况个别案件因证据不足而不能公正判决，法律的权威也不会严重受损。

再如，认为儿子检举后果很坏。因为，严重损害亲情的危害，远超过一只羊的损失。而且这种检举的示范作用会导致人伦颠覆，甚至导致民族道德的滑坡。

当各种见解纷至沓来时，你怎么看呢？显然，以上见解基本上是赞成儒家观点，反对法家观点的。事实上，法家固然有其冷静、高明、进步之处，但也确乎存在刻薄寡恩、单纯维护统治者利益的倾向。一直以来，很多人对法家的诟病，大多缘于此。

如果“慎思明辨”到这一步，应当说对韩非思想的局限性便有所觉察，也可大致明白先秦法家思想与现代法制观念是有很大区别的。确实，在韩非的文章里，我们很难读到对人民生存状态的关怀和对美好未来的向往，这也是毋庸讳言的。

当然，儒法思想孰是孰非，是很复杂的问题，如果对此有兴趣，还可结合更多的资料慢慢去慎思明辨。

第三，关注寓言，积累素材。

《韩非子》中有大量寓言故事，如“郑人买履”“郢书燕说”“守株待兔”“滥竽充数”“买椟还珠”等，都为人所喜闻乐见。这些寓言可帮助我们锤炼思维，也是帮助我们提高写作能力的绝好素材，很值得积累。不过唐敬杲先生这个选本中的寓言故事较少，有兴趣的读者可自行翻检《韩非子》全书，扩大积累范围。

原书绪言

一　韩非略传

韩非，战国末韩国之疏属公子也。其系谱及生卒年代，今已不可得考。据《史记》:

> 非为人口吃，不能道说，而善著书。与李斯俱事荀卿，斯自以为不如非。

非之从学荀卿，其时地虽无明文记载。惟荀卿在齐襄王时游于齐，齐王建九年（距韩亡时凡三十四年）前后，去齐适楚，遂老于楚。非既与李斯同时在荀卿之门，而斯之学于荀卿，《史记·李斯传》谓在于楚，则非之学于荀卿，亦当在荀卿去齐适楚之后。惟韩非之学，兼汲申商、黄老之流，不尽出于荀子，则其在从学荀卿之后，当必别有所师事，然今不可考矣。

《史记》本传又谓：

> 非见韩之削弱，数以书谏韩王，韩王不能用。于是韩非疾治国不务修明其法制，执势以御其臣下，富国强兵而以求人任贤，反举浮淫之蠹而加之于功实之上。以为儒者用文乱法，而侠者以武犯禁。宽则宠名誉之人，急则用介胄之士。今者所养非所用，所用非所养。悲廉直不容于邪枉之臣，观往者得失之变，故作《孤愤》《五蠹》《内外储》《说林》《说难》十余万言。……人或传其书至秦。秦王见《孤愤》《五蠹》之书，曰："嗟乎！寡人得见此人，与之游，死不恨矣！"李斯曰："此韩非之所著书也。"秦因急攻韩。韩王始不用非，及急，乃遣非使秦。

按《史记·韩世家》，秦之攻韩在韩王安五年，即秦始皇十三年（《秦本纪》《六国表》并以为在始皇十四年）；韩乃遣非使秦。其后四年，秦复攻韩，虏王安，韩遂亡。即始皇之十七年。

《史记》本传又谓：

> 秦王悦之，未信用。李斯、姚贾害之，毁之曰："韩非，韩之诸公子也。今王欲并诸侯，非终为韩不为秦，此人之情也。今王不用，久留而归之，此自遗患也，不如以过法

诛之。”秦王以为然，下吏治非。李斯使人遗非药，使自杀。韩非欲自陈，不得见。秦王后悔之，使人赦之，非已死矣。

非死于何年，今虽不复可考；然必在韩亡之前，则无可疑也。又以“秦王悦之，未信用”之事实推之，则非之被杀，必在入秦后未久，或竟在三数月之间，至多亦不能过一年也。

二　韩非子书及其注校

《韩非子》旧简称《韩子》，《汉书·艺文志》称五十五篇，张守节《史记正义》引梁阮孝绪《七录》称二十卷，《隋书·经籍志》称二十卷、目一卷。现今通行本为二十卷、五十五篇，与上载符合。惟其中各篇，颇多可疑之处，恐有后人附益，不尽为韩非之作。如卷首《初见秦》《存韩》二篇，一则劝秦王攻韩，一则劝秦王存韩，旨趣截然不同，显非一人之笔。又如卷末《忠孝》一篇“恬淡，无用之教也；恍惚，无法之言也”等诋斥老氏之语，与史公所谓“原于道德之意”不类。《人主》一篇，显然为缀辑他篇语意而成。《饬令》乃袭取《商子》之《靳令篇》，其论旨亦不合于非之所说。诸如此类，其真为非之所自著者，全书中恐不及半也。

《唐书·艺文志》载有“尹知章注《韩子》”，惟不载卷数，盖其亡已久。元何犿本称“旧有李瓒注”，然李瓒何时人，犿未之明言。现今通行本亦略有注，简陋殊不足取。此注不知何人所撰。观其与《太平御览》《事类赋》《初学记注》所引相合，则其人当在宋前；惟是否为何犿所称之李瓒，则未可必耳。清儒从事考订者，有卢文弨《检补》一卷，王念孙《读书杂志·余编》十四条，俞樾《平议》一卷。近长沙王先慎荟集众说，著《韩非子集解》二十卷。日人中研治韩非子者，以太田方氏《韩非子翼毳》为佳。

三　韩非思想之渊源

当春秋战国之际，宗法社会以渐倾坏。因袭之礼教，既不足为经国治民之具，于是有所谓“法家者流”，倡为法治主义，而管仲实为之先河。其后如申不害、商鞅、慎到、尹文之徒相继出，成为一有系统之学派。韩非则集此派之大成者也。《史记》本传谓非“喜刑名、法术之学，而其归本于黄、老”。（“刑名”二字，当作“形名”，非后世之所谓“刑名”。）夫法者，商鞅之所以用秦；而术者，申不害之所以治韩。非则并取之，以为申、商二子能收富强之功，而终不能致韩、秦于霸王者，则因申子“徒术而无法”，商子“徒法而无术”也。“术者，……此人主之所执也。法者，……此臣之所师也。君无术，则蔽于上；臣无法，则乱于下”（《定法》），二者若衣食之于养生，不可一无者也。至于形名之说，则实为尹文之徒所倡道，韩非应用之于政治，以为人君所以制驭群下之法。即有事，群下呈己之意见，是为“名”；人主由其意见，授之以识事，而视其实功之如何，——“功”即“形”也。议论与实行一致时，谓之“形名参同”。视形名参同与否，以为赏罚，则群下始不敢以辩论饰智，以虚名邀赏，谨慎奉法，以尽其职事。如此，韩非取商子之法、申子之术与尹文形名之说，融会而贯通之，以成其形名、法术兼用之学。

不特此也。当时思想界，有最显著之两大潮流：儒与道是已。韩非不特为法家派之大成，而又为此两大潮流之综合者。韩非既受业于荀卿之门，而又服膺老子之说。夫荀子之云“礼”，与韩非之“法”，名虽异，而为确立之律令则一。荀子主性恶，以礼为矫正性恶之具。韩非则专从利己之一面观察人性；其所以力持惨酷无人道之法术而悍然不顾者，实一本于其人性利己之观念。此人性利己之观念，则荀子性恶说实为之渊源。又其主张因时为备与重刑之足以为治，则于荀子法后王与刑罚治世无不重、乱世无不轻之主张不无根据也。太史公谓：“其归本于黄老。”又谓：“申子卑卑，施之于名实。韩子引绳墨，切事情，明是非，其极惨礉少恩。皆原于道德之意。”盖韩子之学说，又于老子之政治观有其根据者。如老子以为，人君能体道而虚无恬淡，则民自正，物自化；韩子本之，以为人君定法，而示臣下以所当遵守之道，己虚静而群臣自正，国自治。又其所谓“术者，……人主之所执”，而不可借之于群下，乃亦本于老子“国之利器，不可示人”之说。

如此，则韩非之学，实并儒、道、法三者之学统而综合之；先秦思想之潮流，实以韩非之学为归宿之渊海也。

四 学说概要

（一）人性利己之观念

韩非本于其师荀卿之性恶说，视人生一切行为为皆出于利己之动机。至于人类间实有普遍之同情、类感，彼则绝不承认之。以为利之所在，则医者吮人之伤而不得谓之慈，棺者欲人之死而不得谓之忍。不特一般人之关系而已，即君臣、父子、夫妇、昆弟之间，亦无不由利益之观念结合。夫人类间之关系，至父子而极。“且父母之于子也，产男则相贺，产女则杀之。此俱出父母之怀衽，然男子受贺，女子杀之者，虑其后便，计之长利也。故父母之于子也，犹用计算之心以相待也，而况无父子之泽乎！”（《六反》）循是以推，则举世无可信赖之人，人人以利害为衡，互相残贼争竞，正如霍布士所谓：“人与人相遇，如遇狼。”故其言“数披其木，毋使枝大本小”，则宗室宜除；言“爱臣太亲，必危其身；人臣太贵，必易主位”，则左右宜防；言“李兑傅赵王而饿主父”，“优施傅骊姬，杀申生而立奚齐”，则妻子且不足信。人人既各以利害之观念相为残贼，则自不得不以严酷之法术绳之；故韩非形名、法术之学，实以人心利己之观念为出发点也。

（二）因时之观念

我国学者之通习，大抵憧憬于过去，而以古代之复归为理想。韩非则不然，以为人类社会之变迁，自为不可避之数，制度、法律亦有应时变革之必要。彼举例以明之曰：

> 上古之世，人民少而禽兽众，人民不胜禽兽虫蛇。有圣人作，构木为巢，以避群害，而民悦之，使王天下，号之曰“有巢氏”。民食果、蓏、蜯、蛤，腥臊恶臭，而伤害腹胃，民多疾病。有圣人作，钻燧取火，以化腥臊，而民说之，使王天下，号之曰“燧人氏”。中古之世，天下大水，而鲧、禹决渎；近古之世，桀、纣暴乱，而汤、武征伐。今有构木钻燧于夏后氏之世者，必为鲧、禹笑矣；有决渎于殷、周之世者，必为汤、武笑矣。然则今有美尧、舜、禹、汤、武之道于当今之世者，必为新圣笑矣。是以圣人不期修古，不法常可，论世之事，因为之备。(《五蠹》)

此所谓“论世之事，因为之备”，实为韩非政治哲学之中心思想。以为彼其主张峻法严刑，乃应于时世之要求，而绝不为戾。“上古竞于道德，中世逐于智谋，当今争于气力”。居今之世，“不务修明其法制，执势以御其臣下”，而犹以先王之礼乐仁政倡道者，乃陷于“时代错误”之论也。故其言曰：

> 故治民无常，唯法为治。法与时转则治，治与世宜则有功。(《心度》)

> 夫古今异俗，新故异备。如欲以宽缓之政，治急世之民，犹无辔策而御馯马，此不知之患也。(《五蠹》)

此则因时之观念，为韩非立说之又一根据矣。

（三）参验与实用之观念

韩非学说，又以参验与实用之观念为之基础。彼之所谓“参验”，即现代之所谓“实验”，彼盖具有科学之精神者也。彼以为一切言行，均须验以实际上之功用。其言曰：

> 夫言行者，以功用为之的彀者也。……不以功用为之的彀，言虽至察，行虽至坚，则妄发之说也。(《问辩》)
>
> 人皆寐，则盲者不知；皆嘿，则喑者不知。觉而使之视，问而使之对，则喑、盲者穷矣。……明主听其言，必责其用，观其行，必求其功，然则虚旧之学不谈，矜诬之行不饰矣。(《六反》)

彼更以此参验之说，诋斥当时学者之高谈尧、舜，曰：

> 孔子、墨子俱道尧、舜，而取舍不同，皆自谓真尧、舜；尧、舜不复生，将谁使定儒、墨之诚乎？殷、周七百余岁，虞、夏二千余岁，而不能定儒、墨之真；今乃欲审尧、舜之道于三千岁之前，意者其不可必乎？无参验而必之者，愚也；

> 弗能必而据之者，诬也。故明据先王，必定尧、舜者，非愚则诬也。(《显学》)

彼既以实验之说诋斥空谈，对于文学之士，遂绝端嫌恶。其言曰：

> 是故乱国之俗，其学者，则称先王之道，以籍仁义，盛容服而饰辩说，以疑当世之法，而贰人主之心；其言古者，为设诈称，借于外力，以成其私，而遗社稷之利。(《五蠹》)
>
> 国平养儒侠，难至用介士；所利非所用，所用非所利。是故服事者简其业，而游学者日众，是世之所以乱也。(同上)

盖当战国之世，学者竞尚空谈，游说纵横之徒，竞以巧辩眩惑人主，以猎取一时之富贵，而不顾实效之如何。韩非深察此弊，斥空言而进实功，彼盖为此时代精神之反抗者也。

(四)法治论

韩非既本此三种观念，则其当然之结论，自为法治与术治之主张。彼为法之定义曰：

> 法者，宪令著于官府，刑罚必于民心，赏存乎慎法，而罚加乎奸令者也。(《定法》)

> 法者，编著之图籍，设之于官府，而布之于百姓者也。（《难三》）

盖其所谓法者，乃为成文而公开之宪令，而以刑罚为之后盾者。彼以为，圣人立法之动机，非以贼民，乃在爱而利之，所谓置之死地而后生者。其言曰：

> 圣人之治民，度于本，不从其欲，期于利民而已。故其与之刑，非所以恶民，爱之本也。刑胜而民静，赏繁而奸生。（《心度》）
>
> 今家人之治产也，相忍以饥寒，相强以劳苦，虽犯军旅之难、饥馑之患，温衣美食者，必是家也；相怜以衣食，相惠以佚乐，天饥岁荒，嫁妻卖子者，必是家也。故法之为道，前苦而长利；仁之为道，偷乐而后穷。圣人权其轻重，出其大利，故用法之相忍，而弃仁之相怜也。（《六反》）

彼更言不得不用法之故曰：

> 夫圣人之治国，不恃人之为吾善也，而用其不得为非也。恃人之为吾善也，境内不什数；用人不得为非，一国可使齐。为治者用众而舍寡，故不务德而务法。夫必恃自直之箭，百世无矢；恃自圜之木，千世无轮矣。……然而

> 世皆乘车射禽者，何也？隐栝之道用也。虽有……自直之箭、自圜之木，良工弗贵也。何则？乘者非一人，射者非一发也。不恃赏罚，而恃自善之民，明主弗贵也。何则？国法不可失，而所治非一人也。（《显学》）

彼盖以为儒家之所谓礼教，仅能行之于少数出于例外之君子，而不能为统治一般人民之用。若一般人民之通性，“固骄于爱，听于威矣”，不有峻法严刑以临之，不足以为治也。彼更举例以明之曰：

> 今有不才之子，父母怒之弗为改，乡人谯之弗为动，师长教之弗为变。……州部之吏，操官兵，推公法，而求索奸人，然后恐惧，变其节，易其行矣。（《五蠹》）

韩非既以法为治国之要具，遂极端重视法律；以为法律之条文，无论何人当服从之。其言曰：

> 法不阿贵，绳不挠曲。法之所加，智者弗能辞，勇者弗敢争。刑过不避大臣，赏善不遗匹夫。（《有度》）

人人在法律之前平等，彼于此点，固亦具有近代法治之精神者也。

（五）人君之术

韩非除标榜法治之外，更主张所谓“术”者。彼为术之定义曰：

> 术者，因任而授官，循名而责实，操杀生之柄，课群臣之能者也。(《定法》)

盖法为官之所师，以之为治民之标准；术为君之所执，以之为整饬百官之方法。至所以为术之方，则一本于老子虚静无为之旨。其言曰：

> 人主之道，静退以为宝。不自操事，而知拙与巧；不自计虑，而知福与咎。是以不言而善应，不约而善增。(《主道》)
>
> 故圣人执一以静，使名自命，令事自定。不见其采，下故素正。因而任之，使自事之；因而予之，彼将自举之。(《扬权》)

其论人君之要务有五：（一）隐秘其言行，（二）勿见所好恶，（三）勿任贤，（四）勿信亲近之人，（五）勿泄密计于近臣。盖彼本于人性利己之观念，以为百官臣工无不为害己者。彼辈眈眈若虎狼之环伺，人主苟不静退自守，凡所举动，无不足为臣下迎合要徼之机，而召奸劫篡弑之祸。故其言曰：

> 不谨其闭，不固其门，虎乃将存；不慎其事，不掩其情，贼乃将生。(《主道》)

又其言循名责实之要曰：

> 言已应，则执其契；事已增，则操其符。符契之所合，赏罚之所生也。故群臣陈其言，君以其言授其事，以事责其功。功当其事，事当其言，则赏；功不当其事，事不当其言，则诛。(同上)

盖即上所谓形名之说焉。至其“七术”“六微”(《内储说》上、下)之说，则纯以谲巧小智制驭臣下，是其学说之最不足为训者。

唐敬杲

一九二五年三月

主道[①]

道[②]者，万物之始，是非之纪也[③]。是以明君守始，以知万物之源[④]；治纪，以知善败之端[⑤]。故虚静以待，令名自命也，令事自定也。虚则知实之情，静则知动之正[⑥]。有言者自为名，有事者自为形[⑦]；形名参同，君乃无事焉，归之其情[⑧]。故曰："君无见

① 述所以为人君之道，故名"主道"。此篇与下《扬权》篇俱为用韵古体。

② 《老子》云："有物混成，先天地生，……字之曰'道'。"

③ 万物从道生，是非因道彰，故曰"万物之始，是非之纪"。

④ 守始，谓体道；体道则虚静，虚静则明，明则物自来应，故知万物之源。

⑤ 治纪，则是非井然，故知功过之所由。

⑥ 己虚心，则知彼胸臆之情伪；己清静，则知彼举止之正邪。

⑦ 形，犹言实。自为名、自为形，谓名实之当否自见。

⑧ 形名参同，使名当其实，实当其名。无事，无为。归之其情，事皆见其本质，无伪饰。

其所欲；君见其所欲，臣〔自〕将自雕琢[①]。君无见其意；君见其意，臣将自表异[②]。”故曰：“去好、去恶，臣乃见素[③]；去〔旧〕智、去〔智〕旧[④]，臣乃自备。”

故有智而不以虑，使万物知其处[⑤]；有〔行〕贤而不以〔贤〕行[⑥]，观臣下之所因；有勇而不以怒，使群臣尽其武。是故去智而有明[⑦]，去贤而有功[⑧]，去勇而有强[⑨]。群臣守职，百官有常，因能而使之，是谓习常[⑩]。故曰：“寂乎其无位而处，漻乎莫得其所[⑪]。明君无为于上，群臣竦惧乎下。”

明君之道，使智者尽其虑，而君因以断事，故

---

① 自，依卢文弨、太田方说移“将”下。雕琢，谓务外饰。
② 表异，自表其特色，以迎合上意。
③ 去，谓不示。好恶，情之见于外者。“素”“愫”通，诚。
④ “旧”“智”，依王念孙说互改。旧，巧，与“备”为韵。
⑤ 处，犹言分位。此言上不自用智而使下知其职分。
⑥ “行”“贤”，依王先慎说互改。
⑦ 去智而有明，君不自用智，臣下各尽其虑，辐辏并进，而明不蔽矣。
⑧ 去贤而有功，群贤不当得其实情，故有功。
⑨ 去勇而有强，任众人之力，以道御之，人各自力，故有强。
⑩ 习，与“袭”通，重复因仍之义；习常，循一定之规则，因仍而不变。
⑪ 位，谓其所立。漻，通“寥”，虚空。心者，神之所立，而无方所，此无位之位，所谓无思无为，寂然不动者。

君不穷于智；贤者效其材，君因而任之，故君不穷于能；有功则君有其贤，有过则臣任其罪，故君不穷于名[①]。是故不贤而为贤者师，不智而为智者正[②]。臣有其劳，君有其成功。此之谓贤主之经[③]也。

道在不可见，用在不可知[④]。虚静无事，以暗见疵。见而不见，闻而不闻，知而不知[⑤]。知其言以往[⑥]，勿变勿更，以参合阅焉。官有一人，勿令通言[⑦]，则万物皆尽。函掩其迹，匿其端，下不能原[⑧]；去其智，绝其能，下不能意[⑨]。保吾所以往而稽同

---

① 名，声誉。

② 师、正，皆“长”之义。不贤、不智，谓君。贤、智，谓臣。

③ 经，常法。

④ 道虚玄，故曰“在不可见”。用，必待无用以为用，故曰“在不可知”。

⑤ 道在迹，虽常见，而视之不见；虽常闻，而听之不闻；虽常知，而问之不知。

⑥ 往，行；知其言以往，谓知斯术以从事。

⑦ 各令守职，勿使相通；既相猜，则各尽其实情。

⑧ 迹，行事之迹。端，心情之端。原，缘因。人主掩迹、匿端，则下无所因以乘之。

⑨ 意，揣度。

之[①]，谨执其柄而固握之。绝其望，破其意，毋使人欲之。不谨其闭，不固其门，虎乃将存[②]；不慎其事，不掩其情，贼乃将生。

弑其主，代其所，人莫不与，故谓之虎。处其主之侧，为奸〔臣〕匿，〔闻〕间其主之忒[③]，故谓之贼。散其党，收其余，闭其门，夺其辅[④]，国乃无虎。大不可量，深不可测，同合刑[⑤]名，审验法式，擅为者诛，国乃无贼。

是故人主有五壅：臣闭其主，曰壅；臣制财利，曰壅；臣擅行令，曰壅；臣得行义，曰壅；臣得树人，曰壅。臣闭其主，则主失位；臣制财利，

---

① 保，犹言抱。所以往，上文“知其言以往”之义。稽同，犹言参合，考检。

② 闭，谓谋虑。门，谓耳目。虎，谓奸臣。奸臣因机事之漏与君心之好恶，以成其奸；若不周密谋虑，贞固耳目，则奸臣乘之而篡窃弑劫矣。

③ 二字据王念孙说改。匿，读为“慝”。间，窥伺。忒，通“匿”，隐情。

④ 党、余、辅，均谓奸臣之党与。门，则君之耳目，奸臣所由以声色攻君者。

⑤ 刑，通“形”。

则主失德；臣擅行令，则主失制；臣得行义，则主失名；臣得树人，则主失党。此人主之所以独擅也，非人臣之所以得操也。

人主之道，静退以为宝。不自操事，而知拙与巧；不自计虑，而知福与咎。是以不言而善应，不约而善增。言已应，则执其契；事已增，则操其符[①]。符契之所合，赏罚之所生也[②]。故群臣陈其言，君以其言授其事，以事责其功。功当其事，事当其言，则赏；功不当其事，事不当其言，则诛。

明君之道，臣不得陈言而不当。是故明君之行赏也，暧[③]乎如时雨，百姓利其泽；其行罚也，畏乎如雷霆，神圣不能解也[④]。故明君无偷[⑤]赏，无赦罚。赏偷，则功臣堕其业；赦罚，则奸臣易为非。

---

① 契，所执以责人者。符，两相合以取信者。此喻以其言，授其事，以责其功。

② 事功与言论，合则赏，不合则罚，故曰“符契之所合，赏罚之所生也”。

③ 暧，通“爱”。

④ 神圣不能解，谓虽神圣之人，不能以智辩、货贿解有罪。

⑤ 偷，苟且，犹云妄。

是故诚有功，则虽疏贱必赏；诚有过，则虽近爱必诛。疏贱必赏[①]，近爱必诛，则疏贱者不怠，而近爱者不骄也。

① 依王先慎说增。

有度

国无常强，无常弱：奉法者[①]强，则国强；奉法者弱，则国弱。荆庄王[②]并国二十六，开地三千里；庄王之氓社稷也，而荆以亡[③]。齐桓公并国三十，启地三千里[④]；桓公之氓社稷也，而齐以亡。燕〔襄〕昭王[⑤]以河为境，以蓟为国；袭涿方城，残齐，平中山[⑥]；有燕者重，无燕者轻[⑦]；〔襄〕昭王

---

① 奉法者，谓执政官吏。

② 荆，楚。庄王，名族，穆王子，共王父。

③ 氓社稷，谓死。亡，谓失势力，非灭亡之义。

④ 齐桓公，名小白。"启"与"开"古通用。

⑤ 燕，姬姓国，召公之后。襄王，依顾广圻说改"昭王"；昭王，名平，王哙子。

⑥ 河，黄河。蓟，今天津蓟州区。国，都。涿，今河北涿州市；方城属涿。袭，重。袭涿方城，谓以涿之方城为重蔽。中山，国名。

⑦ 有燕者重，无燕者轻，谓邻国得燕为党者则重，反是者则轻。

之氓社稷也，而燕以亡。魏安釐王攻燕救赵，取地河东；攻尽陶[①]、卫之地；加兵于齐，私平陆之都[②]；攻韩拔管[③]，胜于淇下；睢阳之事，荆军老而走[④]；蔡召陵[⑤]之事，荆军破；兵四布于天下，威行于冠带之国[⑥]；安釐王死而魏以亡。故有荆庄、齐桓，则荆、齐可以霸；有燕〔襄〕昭、魏安釐，则燕、魏可以强；今皆亡国者，其群臣官吏，皆务所以乱，而不务所以治也[⑦]。

其国乱弱矣，又皆释国法而私其外[⑧]，则是负薪而救火也，乱弱甚矣。故当今之时，能去私曲就公法者，民安而国治；能去私行行公法者，则兵强而敌弱。故审得失有法度之制者，加以群臣之上，则

---

① 陶，今山东菏泽市定陶区。

② 私，以为己有；言魏加兵于齐，以平陆为己邑。

③ 管，故管叔所都，今属河南郑州市。

④ 师久为“老”。魏与楚相持于睢阳，而楚师遁。

⑤《史记・魏世家》云：“右上蔡、召陵，与楚兵决于陈郊。”上蔡，今河南上蔡县；召陵，故城亦在今河南漯河市召陵区东。

⑥ 兵，魏之兵。冠带之国，谓诸夏。——诸夏冕服采章，异于蛮夷之被发左衽。

⑦ 所谓奉法者弱也。

⑧ 营私于国法之外。

主不可欺以诈伪[①]；审得失有权衡之称者，以听远事，则主不可欺以天下之轻重。

今若以誉进能，则臣离上而下比周[②]；若以党举官，则民务交而不求用于法[③]。故官之失能者，其国乱。以誉为赏，以毁为罚也，则好赏恶罚之人，释公〔行〕法[④]，行私术，比周以相为也。忘主外交，以进其与[⑤]，则其下所以为上者薄矣。交众与多，外内朋党，虽有大过，其蔽多矣[⑥]。故忠臣危死于非罪，奸邪之臣安利于无功。忠臣危死而不以其罪，则良臣伏[⑦]矣；奸邪之臣安利不以功，则奸臣进矣。此亡之本也。若是，则群臣废法而行私重[⑧]，轻公法矣。数至能人[⑨]之门，不壹至主之廷；百虑私家之

---

① 谓得守法度之臣，授之以政位，加群臣之上，故不可欺以诈伪。
② 能由誉进，所以比周于下，求其虚誉。
③ 官由党举，所以务交，求其亲援。
④ 据王先慎说改。
⑤ 与，谓党与。
⑥ 朋党既多，递相隐蔽，虽有大过，无从而知。
⑦ 伏，谓隐。
⑧ 私重，谓朋党私相重。
⑨ 能人，私人。

便，不壹图主之国。属数虽多，非所以尊君也[①]；百官虽具，非所以任国也[②]。然则主有人主之名，而实托于群臣之家也。故臣[③]曰："亡国之廷无人焉。"

廷无人者，非朝廷之衰也[④]。家务相益，不务厚国；大臣务相尊，而不务尊君；小臣奉禄养交，不以官为事。此其所以然者，由主之不上断于法，而信下为之也。故明主使法择人，不自举也；使法量功，不自度也[⑤]。能者不可弊，败者不可饰，誉者不能进，非者弗能退[⑥]，则君臣之间，明辩[⑦]而易治。故主雠法则可也[⑧]。

贤者之为人臣，北面委质[⑨]，无有二心。朝廷不敢辞贱，军旅不敢辞难；顺上之为，从主之法，虚

① 君之徒属人数虽多，皆行私重，故非尊君。

② 百官虽备，皆虑私家之便，故非任国。任，谓当其事。

③ 此系上韩王书，故自称臣。

④ 非朝廷之衰，谓非朝廷真空虚无人。

⑤ 使法择人，以官名举人。使法量功，按名督实。

⑥ 弊，通"蔽"。以法量功，故能不可蔽，败不可饰；以法择人，故誉不能进，非不能退。

⑦ 明辩，《管子》作"明别"。"辩"与"辨"古通。

⑧ 雠，谓校定可否。

⑨ 质，通"贽"，始为臣时所执以为礼者。

心以待令，而无是非也。故有口不以私言，有目不以私视，而上尽制之。为人臣者，譬之若手，上以修头，下以修足。清暖寒热，不得不救；镆铘傅体[①]，不敢弗搏。无私贤哲之臣，无私事能之士[②]，故民不越乡而交，无百里之戚[③]。贵贱不相逾，愚智提衡而立[④]，治之至也。

今夫轻爵禄，易去亡，以择其主，臣[⑤]不谓廉；诈说逆法，倍主强谏，臣不谓忠；行惠施利，收下为名[⑥]，臣不谓仁；离俗隐居，而以非上，臣不谓义；外使诸侯，内耗其国，伺其危险之陂，以恐其主，曰“交非我不亲，怨非我不解”，而主乃信之，以国听之，卑主之名，以显其身，毁国之厚，以利其家，臣不谓智。此数物者，险世之说也，而先王之法所简也[⑦]。先王之法曰：“臣毋或作威，毋或作

---

① 镆铘，利剑名。傅，迫近。

② 贤哲之臣，事能之士，皆以公用之。

③ 戚，亲戚。既任臣以公，则政平国理，人无异望；故不越乡而交，无百里之戚。

④ 提衡，两两相对如一。提衡而立，谓愚智各得其所。

⑤ 臣，韩子自谓，下同。

⑥ 收服下民之心，以为声誉。

⑦ 物，指上廉、忠等。简，择而斥之。

利，从王之指；毋或作恶，从王之路。”古者世治之民，奉公法，废私术，专意一行，具以待任[①]。

夫为人主而身察百官，则日不足，力不给[②]。且上用目，则下饰观；上用耳，则下饰声；上用虑，则下繁辞[③]。先王以三者为不足，故舍己能而因法数，审赏罚。先王之所守要[④]，故法省而不侵。独制四海之内，聪智不得用其诈，险躁不得关其佞[⑤]，奸邪无所依。远在千里外，不敢易其辞；〔势〕暬在郎中，不敢蔽善饰非[⑥]；朝廷群下，直凑单微，不敢相逾越[⑦]。故治不足而日有余[⑧]，上之任势使然也。

夫人臣之侵其主也，如地形焉，即渐以往[⑨]，使

---

① 具以待任，谓意与行俱待君之任使。

② 言当用法而察之。

③ 饰观，则目视不得其真；饰声，则耳听不知其伪；繁辞，则虑惑于说。

④ 要，约，一；言先王之所执守者不多端。

⑤ 险，通“憸”，利口。躁，通“噪”，多言。关，用。

⑥ 郎，近侍之官。势，依俞樾说改“暬”；暬，近。

⑦ 凑，犹言合。单微，单独寒微之人。言自亲近重臣，直至疏远卑贱之人，皆用法数以审赏罚，毋有相违。

⑧ 治不足，言所治之事少，不足治。日有余，有余暇。

⑨ 人之行路，积渐不觉而已易其方；喻人主为臣侵其权势而不自知者，非一朝一夕之故。

人主失端，东西易面而不自知。故先王立司南以端朝夕[①]。故明主使其群臣，不游意于法之外，不为惠于法之内，动无非法。

法，所以凌过〔游〕外私也[②]；严刑，所以遂令惩下也。威不贷错，制不共门[③]。威制共，则众邪彰矣；法不信，则君行危矣；刑不断，则邪不胜[④]矣。故曰："巧匠目意中绳[⑤]，然必先以规矩为度；上智捷举中事，必以先王之法为比。"故绳直而枉木斫，准夷而高科[⑥]削，权衡悬而重益轻，斗石设而多益少[⑦]。故以法治国，举措而已矣。

法不阿贵，绳不挠曲。法之所加，智者弗能辞，勇者弗敢争。刑过不避大臣，赏善不遗匹夫。故矫上之失，诘下之邪，治乱决缪，绌羡[⑧]齐非，

---

① 司南，即指南车，以喻国法。朝夕，喻正邪。

② 《管子》作"动无非法者，所以禁过而外私也"。外，斥。"游"字据顾广圻说删。

③ 门，所出。谓刑罚之威，不以假人；政令之出，不与人共。

④ 邪不胜，谓邪不可胜诛。

⑤ 巧匠目视意度，皆合于绳墨。

⑥ 夷，平。科，物之凹凸。

⑦ 益，溢出；重则溢之使轻，多则溢之使少。

⑧ 羡，有余。

一民之轨，莫如法；〔属〕厉[1]官威民，退淫殆，止诈伪，莫如刑。刑重，则不敢以贵易贱；法审，则上尊而不侵；上尊而不侵，则主强而守要。故先王贵之而传之[2]。人主释法用私，则上下不别矣。

① 据王念孙说改。

② 贵明法有度之言，而传之于后世。

扬权[1]

天有大命[2]，人有大命。夫香美脆味，厚酒肥肉，甘口而病形；曼理皓齿，说情而损精[3]。故去甚去泰，身乃无害。

权不欲见，素无为也[4]。事在四方，要在中央[5]。圣人执要，四方来效。虚而待之，彼自以之[6]。四

① 扬，阐扬；权，国柄，谓赏罚。此篇在阐明人君操赏罚之权，以御四方之术，故名“扬权”。

② 大命，不知所以然而然者。

③ 曼理皓齿，指美人。说，后作“悦”。谓食色所以养性者，而反害于性。

④ 谓用人之权，不使人见，虚以应物；不必自为，执要以观其效，虚心而用其长。

⑤ 要，枢纽。言凡事任之群臣，人君则居中执其枢要。

⑥ 以，用。君但虚心以待之，彼自各用其能。

海既藏，道阴见阳[①]。左右既立，开门而当[②]。勿变勿易，与二俱行[③]，行之不已，是谓履理也。

夫物者有所宜，材者有所施，各处其宜，故上下无为。使鸡司夜，令狸执鼠，皆用其能，上乃无事。上有所长，事乃不方[④]。矜而好能，下之所欺[⑤]。辩惠好生，下因其材[⑥]。上下易用，国故不治[⑦]。

用一之道，以名为首[⑧]。名正物定，名倚物徙。故圣人执一以静，使名自命，令事自定。不见其采，下故素正[⑨]。因而任之，使自事之；因而予之，

---

① 道，由；道阴见阳，谓由一己之虚静，以见四海之动。

② 左右，谓左辅右弼。辅弼之臣立，则同类相从，同声相应，四方贤才毕来矣；君但开门而当之，可矣。当，受。

③ 贤才既来，莫敢变易，但令与辅弼二臣俱行职事。

④ 方，百事之宜。上有所长，矜而自用，则群臣各匿其能，以从上所好，故事皆失其宜。

⑤ 好矜其能者，必喜人佞己，故称誉过于实而不自知。

⑥ 辩，辩口。“惠”“慧”通，小智。好生，谓妇人之仁。材，质性。谓上辩慧好生，则其下必因质性而乘之。

⑦ 上代下任，下操上权，则国不治。

⑧ 用一，言执要；要在中央而不二，故曰“一”。言执要之道，以正名为始。

⑨ 采，光彩。素，心之实情。言上不自炫其光彩，下故效情愫而方正。

彼将自举之。正与处之，使皆自定之[①]，上以名举之。不知其名，复修其形[②]；形名参同，用其所生[③]。二者诚信，下乃贡情[④]。谨修所事，待命于天。毋失其要，乃为圣人。

圣人之道，去智与巧；智巧不去，难以为常[⑤]。民人用之，其身多殃；主上用之，其国危亡。因天之道，反形之理[⑥]，督参鞠之，终则有始[⑦]。虚以静后[⑧]，未尝用己。

凡上之患，必同其端[⑨]。信而勿同，万民一从[⑩]。夫道者，弘大而无形；德者，核理而普至[⑪]。至于群

---

① 正其名，使与处之，又使事物自定。

② 形，事；循事以求名，则其名可知。

③ 所生，谓赏罚；视事与名，以为赏罚，故曰“所生”。

④ 二者，赏罚；谓信赏必罚，下乃以实情贡上。

⑤ 任智巧，则必背道而行诈，故须去之。智穷于所不知，巧穷于所不能，故曰“难以为常”。

⑥ 反，履；谓履循事理。

⑦ 督，督察；参，参验；鞠，推鞠。终则有始，谓道理循环无端。

⑧ 虚以静后，当作“虚静以待”。

⑨ 端，谓所陈事之首。臣之陈事，不择可否，每皆同之，则是偏听而致患。

⑩ 臣所陈事，且当信之，无遂与同；然后择其善者，以之施教，则万民齐一而随从。

⑪ 道之在物，曰“理”；明验实事，曰“核”。普至，谓遍在。

生[①]，斟酌用之；万物皆盛，而不与其宁[②]。道者，下周于事，因稽而命，与时死生[③]；参名异事，通一同情[④]。故曰："道不同于万物，德不同于阴阳，衡不同于轻重，绳不同于出入，和不同于燥湿，君不同于群臣。"凡此六者，道之出也[⑤]。道无双，故曰"一"；是故明君贵独道之容。君臣不同道[⑥]，下以名祷；君操其名，臣效其形；形名参同，上下和调也。

凡听之道，以其所出，反以为之入[⑦]；故审名以定位，明分以辩类[⑧]。听言之道，〔溶〕容若甚醉[⑨]。

---

① 群生，谓万物。

② 万物得之以盛，此道之功也；功成而不居。

③ 稽，满贮。而，汝，犹言其。命，天人之命。时，谓无常。言道者下流周遍于万事，因循满贮，其命可以死则死，可以生则生，无常操焉。

④ 参名，督名；异事，分职。通一，通于道；同情，同万物之情。

⑤ 谓六者皆自道生。

⑥ 言道体君臣异所由。

⑦ 谓凡听言之道，以其所出于口，反以入之于我耳。《吕氏春秋·审应》篇云："人主出声应容，不可不审。凡主有识，言不欲先；人唱我和，人先我随。以其出为之入，以其言为之名，取其实以责其名，则说者不敢妄言，而人主之所执其要矣。"

⑧ 谓审察其名，则事位自定；明识其分，则物类自辩。

⑨ 据俞樾说改。凡听言者，欲暗以招明，愚以求智，故其容惛然若醉，则言者自尽情敷奏。

唇乎齿乎，吾不为始乎！齿乎唇乎，愈惛惛乎！[①] 彼自离之，吾因以知之[②]；是非辐凑，上不与构[③]。

虚静无为，道之情也；参伍比物，事之形也[④]。参之以比物，伍之以合虚[⑤]。根干不革，则动泄不失矣[⑥]。动之溶之，无为而改之[⑦]。喜之则多事，恶之则生怨；故去喜去恶，虚心以为道舍[⑧]。

---

① 唇齿，谓出声发问。人主虚心问臣，不以一物挟心，彼先我随。彼有所发明，我愈降心，曰“我惛，不能进于是矣”。前言“唇乎齿乎”，后言“齿乎唇乎”者，一以谐韵，一以反复，欲其以察微旨。

② 离，陈。彼自陈其言，我就以知之。

③ 要在中央，故是非一归于君，若辐之辏于毂。构，犹“同”。言群言之来，虽尽容之，然亦不一一与之同。

④ 虚静无为，不可形容，故曰“情”；参伍比物，实事可按检者，故曰“形”。

⑤ 参，参错；伍，交互。合，偶合。物，谓有形。虚，谓无形。言有形之物，参错之，以比类相准；无形之名，交互之，以偶合相著。

⑥ 根，喻人君心术；干，喻国家典法。心术不显，故曰“根”；典法可见，故曰“干”。泄，当作“溶”，从容闲暇貌。谓心术与典法一定而无变革，则动静举止皆不失其宜。

⑦ 溶，从容闲暇之意。“动之溶之”之“之”字，足句之辞，无意义；如《左传·昭公二十五年》：“童谣有之，曰：‘鸜之鹆之，公出辱之！’”当言鸜鹆，而文句不足，故添“之”字。改，犹言化；如《庄子·在宥》云：“处无为而物自化。”

⑧ 去喜怒好恶，以虚其心，则道来止，故为道舍。

上不与共之，民乃宠之；上不与义之，使独为之[①]。上固闭内扃，从室视庭[②]；参、咫尺已具，皆之其处；以赏者赏，以刑者刑[③]。因其所为，各以自成；善恶必及，孰敢不信[④]！

规矩既设，三隅乃列[⑤]。主上不神，下将有因[⑥]；其事不当，下考其常[⑦]。若天若地，是谓累解[⑧]；若地若天，孰疏孰亲[⑨]？能象天地，是谓圣人。

---

① 宠，赖。言君不与臣共其权制，则政出于一，而民得所赖。义，通"议"；独为，犹言专任。言君不与其议，使臣专任其事。

② 扃，关户之木，喻内情；术不欲见，故固闭。如是，则君能察臣，臣不能窥君，若从室而视庭。

③ 参，谓参验；八尺曰"咫"。谓既闭心以参验之，咫尺以度量之，则大小长短，皆之其所，不相犯错；如此，则可赏则赏，可刑则刑，无乖谬矣。

④ 谓所为善恶既各自成，善必及赏，恶必及刑，刑赏不差，谁敢不信。

⑤ 规矩，喻法度。言法度既设，四方乃正。凡物匡正一隅，则三隅皆正。

⑥ 不神，谓心神外淫，离其势位。神不处，则七情代于内，故下因七情为奸。

⑦ 考，考校；常，典常。

⑧ 谓心若天之清、地之宁、情欲之累，释然而解。

⑨ 天地之于物，无有亲疏；如《管子·心术》篇云："是故圣人若天然，无私覆也；若地然，无私载也。"

欲治其内，置而勿亲[1]；欲治其外，官置一人[2]，不使自恣，安得移并！大臣之门，唯恐多人[3]。凡治之极，下不能得[4]。周合刑名[5]，民乃守职。去此更求，是谓大惑；猾民愈众，奸邪满侧。故曰：“毋富人而贷焉，毋贵人而逼焉[6]，毋专信一人而失其都国焉[7]。”

腓大于股，难以趣走[8]。主失其神，虎随其后[9]。主上不知，虎将为狗[10]；主不蚤[11]止，狗益无已。虎成其群，以弑其母[12]。为主而无臣，奚国之有[13]？主

① 内，内官，左右郎中之类。置而勿亲，虽置其人，而不借诚情亲昵之。

② 外，外官，大臣从政者。官置一人，言官中别置一人为监察。

③ 臣门多人，威权在之故。

④ 下不能得，谓明主周密固闭，下不能测其情。

⑤ 周，犹“合”。刑，通“形”。

⑥ 毋富贵其臣，而贷之权柄，以逼于己。

⑦ 专信一人，壅蔽之道也；壅蔽，所以失国也。

⑧ 趣，通“趋”；疾行曰“趋”，疾趋曰“走”。腓，胫后肉。此喻臣重于君，难以为治。

⑨ 失神，谓君离势位；虎随其后，谓臣将伺隙而篡弑之。

⑩ 主既不知臣之为虎，则臣匿威藏用，外若狗然，所以阴谋其事。

⑪ 蚤，通“早”。

⑫ 母，谓君。

⑬ 谓有国必有臣，不能畏臣为虎而不用，唯在主施其刑法以制之。

施其法，大虎将怯；主施其刑，大虎自宁。法刑苟信，虎化为人，复反其真[①]。

欲为其国，必伐其聚[②]；不伐其聚，彼将聚众。欲为其地，必适其赐[③]；不适其赐，乱人求益。彼求我予，假仇人斧[④]；假之不可，彼将用之以伐我。黄帝有言曰："上下一日百战[⑤]。"下匿其私，用试其上；上操度量，以割其下。故度量之立，主之宝也；党与之具，臣之宝也。臣之所不弑其君者，党与不具也。故上失扶寸，下得寻常[⑥]。有国之君，不大其都[⑦]；有道之臣，不贵其家；有道之君，不贵其臣。贵之富之，备将代之[⑧]。备危恐殆，急置太子，祸乃无从起[⑨]。

---

① 谓大臣不为威，复返其本色。

② 为，治。聚，谓臣下之朋党交结；伐之者，所以离散其朋党也。

③ 适，节；谓节赐与。

④ 乱人求益而与之，犹以斧假仇人。

⑤ 上下之利害，极端相反，故曰"一日百战"。

⑥ 铺四指曰"扶"，八尺曰"寻"，倍寻曰"常"。

⑦ 都，诸侯子弟或卿大夫之采地。

⑧ 家，家臣。贵作威，富作福；威福俱备，劫弑之渐。

⑨ 太子者，君之副贰，国之重镇；今欲备其危殆，必速置之，则祸端自息。

内索出圉[①]，必身自执其度量。厚者亏之，薄者靡之[②]。亏靡有量，毋使民比周，同欺其上。亏之若月[③]，靡之若热[④]。简令谨诛，必尽其罚。毋弛而弓，一栖两雄[⑤]；一栖两雄，其斗噸噸[⑥]。豺狼在牢，其羊不繁[⑦]。一家二贵，事乃无功[⑧]；夫妻持政，子无适从[⑨]。

为人君者，数披其木，毋使木枝扶疏[⑩]；木枝扶疏，将塞公闾[⑪]，私门将实，公庭将虚，主将壅围。数披其木，无使木枝外拒[⑫]；木枝外拒，将逼主处。

---

① 入则索内宄，出则御外奸。圉，通“御”。

② “靡”即“侈靡”之“靡”，犹言华之。

③ 谓以渐移其权势，若月之渐缺。

④ 富华臣下，犹温焐冷物，过热反炙其手；言小试之，恐其逼己。

⑤ 而，汝。弓，喻刑罚；栖，喻国；雄，喻君。谓若弛其刑罚，则将成一国两君之势。

⑥ 噸噸，yányán，争斗貌。

⑦ 羊，喻民；豺狼，喻吏之贪残者；繁，通“蕃”。

⑧ 二贵争出命，服役者不知谁从，故事无功。

⑨ 谓不知谁从而可。

⑩ 木，喻臣；披，为落其枝；扶疏，四布。数落木枝者，喻数削黜臣之威势。

⑪ 闾，里门。

⑫ 拒，谓枝之旁生者。

数披其木，毋使枝大本小[1]；枝大本小，将不胜春风[2]；不胜春风，枝将害心[3]。公子既众，宗室忧吟[4]。止之之道，数披其木，毋使枝茂；木数披，党与乃离。掘其根本，木乃不神[5]。填其汹渊，毋使水清[6]。探其怀，夺之威[7]。主上用之，若电若雷[8]。

① 枝，喻臣；本，喻君。

② 春风，喻恩惠。谓大臣以私恩得党与，君将不胜之。

③ 心，木心，喻国。谓人臣行私恩，而君不胜，则将害于国。

④ 吟，叹。

⑤ 根本，臣奸邪所由生；木乃不神，臣失其威势。

⑥ 汹，涌；汹渊，龙之所潜。塞汹渊而浊其水，则龙失其处；喻填奸邪之处所，而不使匿。

⑦ 探其怀，谓测知大臣之实情；夺其威，谓剥夺大臣之威权。

⑧ 威不下分，则君命神而可畏，故若雷电。

孤愤[①]

智术之士，必远见而明察；不明察，不能烛私。能法之士，必强毅而劲直；不劲直，不能矫奸[②]。人臣循令而从事，案法而治官，非谓重人也[③]。重人也者，无令而擅为，亏法以利私，耗国以便家，力能得其君，此所为[④]重人也。智术之士明察，听用，且烛重人之阴情[⑤]；能法之士劲直，听用，且矫重人之奸行。故智术、能法之士用，则贵重之臣，必在绳之外矣[⑥]。是智法之士与当途之人，不可

① 言法术之士既无党与，孤独而已，故其材用终不见明。
② 矫奸，谓矫正邪枉。
③ “谓”上略去“所”字；言循令守法者，非吾所谓重人。
④ 为，通“谓”，“所为”即“所谓”。
⑤ 智术之士既明且察，今见听用，能烛见重人之阴情。
⑥ 木工以绳墨量材，绳以外无用者，则削除之。喻必见削除。

两存之仇也[①]。

当涂之人擅事要，则外、内[②]为之用矣。是以诸侯不因则事不应，故敌国为之讼[③]；百官不因则业不进[④]，故群臣为之用；郎中不因则不得近主，故左右为之匿[⑤]；学士不因则养禄薄、礼卑，故学士为之谈[⑥]也。此四助者，邪臣之所以自饰也。重人不能忠主而进其仇[⑦]，人主不能越四助而烛察其臣，故人主愈弊[⑧]，而大臣愈重。

凡当涂者之于人主也，希不信爱也，又且习故[⑨]。若夫即主心，同乎好恶，固其所自进也[⑩]。官爵贵重，朋党又众，而一国为之讼。则法术之士欲干

---

① 当涂，即当仕路。言智法之士与当仕路之人，势不两立，若仇雠然。

② 外，谓诸侯；内，谓百官、郎中、学士。

③ “讼”，后作“颂”。邻国诸侯或来求事，不因当涂者，其求必不见应，故敌国称颂之。

④ 功业不闻于上。

⑤ 郎中，君左右之人。既因重人而得近主，故为之掩饰。

⑥ 为之谈，谓为重人延誉。

⑦ 重人所仇者，法术之士也。

⑧ 弊，当作“蔽”；下“弊主”同。

⑨ 重人得主信爱者多，又用事既久，而为习惯故旧。

⑩ 即，就；就主心之好恶者而好恶之。

上者，非有所信爱之亲、习故之泽也[1]；又将以法术之言，矫人主阿辟之心[2]，是与人主相反也。处势卑贱，无党孤特。夫以疏远与信爱争，其数[3]不胜也；以新旅[4]与习故争，其数不胜也；以反主意与同恶好争，其数不胜也；以轻贱与贵重争，其数不胜也；以一口与一国争，其数不胜也。法术之士，操五不胜之势，以岁数而又不得见[5]；当涂之人，乘五胜之资[6]，而旦暮独说于前。故法术之士奚道得进，而人主奚时得悟乎？故资必不胜，而势不两存，法术之士，焉得不危！

其可以罪过诬者，以公法而诛之[7]；其不可被以罪过者，以私剑而穷之[8]。是明法术而逆主上者，不僇[9]于吏诛，必死于私剑矣。朋党比周以弊主，言

① 泽，犹言恩宠。
② 阿，比曲；辟，偏僻。言欲格君非心。
③ 数，理。
④ 新由他国来者。
⑤ 进见之数以岁计，而犹不得见，极言难见。
⑥ 资，凭借。
⑦ 法术之士有过失可诬罔者，重人则举以为罪而诛之。
⑧ 若无过失可诬者，则使刺客以剑刺之，以穷其命。
⑨ 僇，通“戮”。

曲以便私者，必信于重人矣。故其可以功伐借者，以官爵贵之[①]；其可以美名借者，以外权重之[②]。是以弊主上而趋于私门者，不显于官爵，必重于外权矣。今人主不合参验而行诛，不待见功而爵禄[③]。故法术之士安能蒙[④]死亡而进其说，奸邪之臣安肯乘[⑤]利而退其身！故主上愈卑，私门益尊。

夫越虽国富兵强，中国之主皆知无益于己也，曰："非吾所得制也。"今有国者，虽地广人众，然而人主壅蔽，大臣专权，是国为越也。知不类越，而不知不类其国，不察其类者也[⑥]。

人〔主〕[⑦]所以谓齐亡者，非地与城亡也，吕氏弗制，而田氏用之；所以谓晋亡者，亦非地与

---

① 重人乐其比周，假借功伐以贵之。
② 为之延誉于外国，以外国之权重之。
③ 谓于法术之士，不参验以知其真伪，即行诛罚；重人所进，虽未见功，先与之爵禄。
④ 蒙，冒。
⑤ 乘，当作"乖"。
⑥ 越之无益于己者，权力之所不及也；今抚有其国而权力归之重人，则无益于己者，犹之越也；人主安之，是谓"不察其类"。
⑦ 据孙诒让说删。

城亡也，姬氏不制，而六卿专之也[①]。今大臣执柄独断，而上弗知收[②]，是人主不明也。与死人同病者，不可生也；与亡国同事者，不可存也。今袭迹于齐、晋[③]，欲国安存，不可得也。

凡法术之难行也，不独万乘，千乘亦然。人主之左右，不必智也；人主于人有所智而听之，因与左右论其言，是与愚人论智也。人主之左右，不必贤也；人主于人有所贤而礼之，因与左右论其行，是与不肖论贤也。智者决策于愚人，贤士程行于不肖[④]，则贤智之士羞，而人主之论悖矣。

人臣之欲得官者，其修士且以精洁固身，其智士且以治辩进业，〔其修士〕[⑤]不能以货赂事人。恃其精洁、治辩[⑥]，而更不能以枉法为治，则修智之士，不事左右，不听请谒矣。人主之左右，行非伯

① 齐，姜姓；以其为吕尚之后，故称吕氏。六卿，韩、赵、魏、范、中行、智氏。

② 谓不知收取其政柄而自执之。

③ 谓袭蹈二国之覆辙。

④ 程，度其短长。智者之策，决于愚人；贤士之行，度于不肖。

⑤ 依俞樾说删。

⑥ 依俞说增。

夷也，求索不得，货赂不至，则精辩之功息[①]，而毁诬之言起矣。治辩之功，制于近习，精洁之行，决于毁誉，则修智之吏废，而人主之明塞矣。不以功伐决智行，不以参伍[②]审罪过，而听左右近习之言，则无能之士在廷，而愚污之吏处官矣。

万乘之患，大臣太重；千乘之患，左右太信。此人主之所公[③]患也。且人臣有大罪，人主有大失，臣、主之利，〔与相〕相与[④]异者也。何以明之哉？曰：主利在有能而任官，臣利在无能而得事；主利在有劳而爵禄，臣利在无功而富贵；主利在豪杰使能[⑤]，臣利在朋党用私。是以国地削而私家富，主上卑而大臣重。故主失势而臣得国，主更称藩臣[⑥]而相室剖符[⑦]。此人臣之所以谲[⑧]主便私也。故当世之

① 谓精洁、治辩之功无所用。
② 参，参验；伍，偶会。
③ 公，共。
④ 依顾广圻说改。
⑤ 使，任；豪杰之士以所能自任。
⑥ 君臣易位，故主称藩臣于其臣。
⑦ 相室，家臣。剖符，言得专授人官，与之剖符。
⑧ 谲，诳。

重臣，主变势[1]而得固宠者，十无二三。是其故何也？人臣之罪大也。臣有大罪者，其行欺主也，其罪当死亡也。智士者，远见而畏于死亡，必不从重人矣；贤士者，修廉而羞与奸臣欺其主，必不从重臣矣。是当涂者之徒属，非愚而不知患者，必污而不避奸者也。大臣挟愚污之人，上与之欺主，下与之收利，侵渔朋党，比周相与，一口[2]惑主，败法以乱士民，使国家危削，主上劳辱，此大罪也。臣有大罪，而主弗禁，此大失也。使其主有大失于上，臣有大罪于下，索[3]国之不亡者，不可得也。

---

① 变势，谓悟前过失而变其势。言当世之重臣，今虽见用，主一旦觉悟，变前势，则督其过罪，如此而得固其旧宠者，十中无二三焉。

② 一口，谓同声附和。

③ 索，求。

说难[1]

凡说之难，非吾知[2]之有以说之之难也，又非吾辩之能明吾意之难也，又非吾敢横佚而能尽[3]之难也。凡说之难，在知所说之心可以吾说当之[4]。所说出于为名高者也，而说之以厚利，则见下节而遇卑贱，必弃远矣[5]。所说出于厚利者也，而说之以名高，则见无心而远事情，必不收矣[6]。所说阴为厚利

① 言游说之道为难，故曰“说难”。
② 知，智见。
③ 能尽所欲言。
④ 在知所说之人之心是否可以吾说动之。
⑤ 所说之人意在名高，今以厚利说之，彼则谓己志节凡下而以卑贱相待；亦既贱之，必弃遗而疏远矣。
⑥ 所说之人意在厚利，今以名高说之，则谓己无相时之心而阔远事情；如此，则必见弃而不收用矣。

而显为名高者也，而说之以名高，则阳收其身，而实疏之；说之以厚利，则阴用其言，显弃其身矣[①]。此不可不察也。

夫事以密成，语以泄败。未必其身泄之也，而语及所匿之事，如此者身危[②]。彼显有所出事，而乃以成他故[③]，说者不徒知所出而已矣，又知其所以为，如此者身危。规异事而当，知者揣之外而得之，事泄于外，必以为己也[④]，如此者身危。周泽未渥也，而语极知，说行而有功则德忘，说不行而有败则见疑，如此者身危[⑤]。贵人有过端，而说者明言礼义以挑其恶[⑥]，如此者身危。贵人或得计而欲自

---

① 所说之人，内阴为厚利，外阳为名高。今见其外，说以名高，彼虽阳收其身，内实疏远；若察知其内，说以厚利，则私用其言，外明弃其身，以饰其名高。

② 虽慎言而似若知阴事者，则人主疑是人倘泄阴事者矣，厌恶必甚，故不免于危。

③ 言人主表面上虽伪为此事，而其目的固别有在。

④ 曾为人主规划他事而当其心；他时彼有异谋，下适有智者，意度而得其情，事泄于外，则人主必从他事之当，疑及己之泄漏。如东郭垂知齐桓公将伐莒，桓公以为管仲之类。

⑤ 君之于己，周给之泽未厚，而己竭忠尽智以语之，有功则忘其德，败则转以见疑，若袁绍之于田丰是也。

⑥ 对于有过端之人，明言礼义，便似有意讥讽，足以挑起其恶感。

以为功，说者与知焉，如此者身危[①]。强以其所不能为，止以其所不能已，如此者身危。故与之论大人，则以为间己矣[②]；与之论细人，则以为卖重[③]。论其所爱，则以为藉资[④]；论其所憎，则以为尝己也[⑤]。径省其说，则以为不智而拙之[⑥]；米盐博辩，则以为多而交之[⑦]。略事陈意，则曰怯懦而不尽[⑧]；虑事广肆，则曰草野而倨侮[⑨]。此说之难，不可不知也。

凡说之务，在知饰所说之所矜，而灭其所耻[⑩]。彼有私急也，必以公义示而强之[⑪]。其意有下也，然

---

① 畏人分功，必生嫉妒。

② 间，犹言隙，谓将离间大人。

③ 所论系在下位之人，人主将以为窥探己意所予，以出而卖重于群下。

④ 谓藉君之所爱，以为己资。

⑤ 尝，试；谓其将窥探含怒之深浅。

⑥ 太简，则以为词拙而窘于智。

⑦ 米盐，谓琐碎。《史记·天官书》云："故其占验凌杂米盐。"《汉书·黄霸传》云："米盐靡密，初若烦碎。"谓屑琐不遗，则又以为多所牵缠。

⑧ 以为嗫嚅而不尽意。

⑨ 畅所欲言，又嫌其不知体统。

⑩ 其所自负，必代为文饰；其所内愧，必曲为讳匿。

⑪ 因其私急，援之入于公义，如孟子于齐王好货、好色是也。

而不能已，说者因为之饰其美而少其不为也[①]。其心有高也，而实不能及[②]，说者为之举其过而见其恶，而多其不行也[③]。有欲矜以智能，则为之举异事之同类者，多为之地，使之资说于我而佯不知也，以资其智[④]。欲内相存[⑤]之言，则必以美名明之，而微见其合于私利也[⑥]；欲陈危害之事，则显其毁诽[⑦]，而微见其合于私患也。誉异人与同行者，规异事与同计者[⑧]。有与同污者，则必以大饰其无伤也；有与同败者，则必以明饰其无失也[⑨]。彼自多其力，则毋以其

---

① 私急涉于卑下而不能自已，为之文饰其辞而惜其不为，如孟子说齐宣王曰“王之不王，不为也，非不能也”之类。

② 心慕高远，累于私急，而不能及。

③ 举过见恶，如陈贾谓“仁智周公未之尽也”之类，而反以其不行为大美。

④ 人主自矜其智能，必多设疑难，使之取决于我，我佯若不知而令人主自言，则智在彼矣，是资之以智也。

⑤ 内，“纳”本字。存，犹“并”；私急中有公义，故曰“相存”。

⑥ 犹言仁义未尝不利。

⑦ 显举一时毁谤之端。

⑧ 他人与所说之主同行，说者从而延誉之；异事与所说之主同计，说者从而规划之。

⑨ “饰其无伤”也者，如孟子说齐宣王曰“无伤也，是乃仁术也”之类；“饰其无失也”者，如“昔者公刘好货，……大王好色，……王如好色，与百姓同之，于王何有？”是也。

难概[①]之；自勇其断，则毋以其谪怒之[②]；自智其计，则毋以其败穷之。大意无所拂忤，辞言无所系縻[③]，然后极骋智辩焉。此〔道〕所道〔得〕[④]亲近不疑而得尽辞也。

伊尹为宰[⑤]，百里奚为虏，皆所以干其上也。此二人者，皆圣人也；然犹不能无役身以进[⑥]，如此其污也。今以吾言为宰虏，而可以听用而振世，此非能士之所耻也[⑦]。夫旷日弥久，而周泽既渥[⑧]，深计而不疑，引争而不罪，则明割利害[⑨]，以致其功，直指是非，以饰其身[⑩]。以此相持，此说之成也。

昔者郑武公欲伐胡，故先以其女妻胡君，以娱其意。因问于群臣："吾欲用兵，谁可伐者？"

---

① 概，平斗斛木，犹言格。《管子·枢言》篇云："釜鼓满，则人概之。"
② 谪，敌之借字。言明知其勇断有敌之者，而必讳言之。
③ "系"一作"击"，"縻"一作"摩"，言无所抵触。
④ 据俞樾说改。道，由。
⑤ 《史记》"宰"作"庖"，庖人。
⑥ 谓不免。
⑦ 振，救。谓苟吾言得见听用，以救世俗，则虽为宰虏，亦非所耻。
⑧ 谓君臣道合，旷日已久，诚著于君，君之渥泽周浃于臣。
⑨ 引，交。割，断。
⑩ 直指，言无所回避。饰身，谓以宠荣光饰其身。

大夫关其思对曰："胡可伐。"武公怒而戮之，曰："胡，兄弟之国也，子言伐之，何也？"胡君闻之，以郑为亲己，遂不备郑；郑人袭胡，取之。宋有富人，天雨墙坏，其子曰："不筑，必将有盗。"其邻人之父亦云。暮而果大亡其财①。其家甚智其子，而疑邻人之父。此二人②说者皆当矣，厚者为戮，薄者见疑，则非知之难也，处之则难也③。故绕朝之言当矣，其为圣人于晋而为戮于秦也，此不可不察④。

昔者弥子瑕有宠于卫君。卫国之法：窃驾君车者罪刖⑤。弥子瑕母病，人闻，有夜告弥子，弥子矫驾君车以出。君闻而贤之，曰："孝哉！为母之故，忘其犯刖罪。"异日，与君游于果园，食桃而甘，不尽，以其半啗君⑥。君曰："爱我哉！忘其口

① 此夕盗果至。

② 二人，谓关其思与邻人之父。

③ 其思、邻父非不智也，但处用其智不得其宜，故或见疑，或见戮，故曰"处之则难也"。

④ 晋人谲取士会于秦，绕朝赠之以策曰："子无谓秦无人，吾谋适不用也。"事见《左传·文公十三年》。言绕朝之言非不当，晋人虽以为圣，秦竟以言戮之，是亦处智失宜。

⑤ 刖，以刀断足之刑。

⑥ 啗，食。自食为"啖"，食人为"啗"。

味，以啗寡人。”及弥子色衰爱弛，得罪于君，君曰：“是固尝矫驾吾车，又尝啗我以余桃。”故弥子之行未变于初也，而以前之所以见贤而后获罪者，爱憎之变也。故有爱于主，则智当而加亲；有憎于主，则智不当而加疏。故谏说谈论之士，不可不察主之爱憎而后说焉。夫龙之为虫也，柔可狎而骑也；然其喉下有逆鳞径尺，若人有婴[①]之者，则必杀人。人主亦有逆鳞，说者能无婴人主之逆鳞，则几矣[②]。

---

① 婴，触。

② 几，庶；谓庶几于善谏说。

和氏

楚人和氏得玉璞楚山中①，奉而献之厉王②。厉王使玉人相之，玉人曰："石也。"王以和为诳，而刖其左足。及厉王薨，武王③即位，和又奉其璞而献之武王。武王使玉人相之，又曰："石也。"王又以和为诳，而刖其右足。武王薨，文王④即位，和乃抱其璞而哭于楚山之下，三日三夜，泣尽而继之以血。王闻之，使人问其故曰："天下之刖者多矣，子奚哭之悲也？"和曰："吾非悲刖也，悲夫

① 《荆州记》："西北三十里，有清溪；溪北即荆山；首曰'景山'，即卞和抱璞之处。"

② 厉王，楚霄敖之子，名熊眴。

③ 武王，楚霄敖之子，名熊通。

④ 文王，武王子，名熊赀。

宝玉而题之以石，贞士而名之以诳，此吾所以悲也。”王乃使玉人理[①]其璞而得宝焉，遂命曰“和氏之璧”。

夫珠玉，人主之所急也；和虽献璞而未美，未为王之害也[②]，然犹两足斩而宝乃论，论宝若此其难也！今人主之于法术也，未必和璧之急也，而禁群臣士民之私邪[③]。然则有道者之不僇也，特帝王之璞未献耳[④]。

主用术，则大臣不得擅断，近习不敢卖重；官行法，则浮萌[⑤]趋于耕农，而游士危于战陈[⑥]。则法术者，乃群臣士民之所祸也。人主非能倍大臣之议，越民萌之诽，独周乎道言也[⑦]；则法术之士，虽

① 治玉曰“理”。

② 所献之宝设令未美，亦无害于王。

③ 谓人主之于法术，未必如和璧之急，乃更禁其臣人为卞和之忠；苟无卞和之忠，谁肯犯禁而论其法术。

④ 帝王之璞，谓法术。有道之士所以不见僇者，徒以藏其法术而未献耳。

⑤ 萌，通“氓”；浮萌，游民。

⑥ 故游说之士，不敢轻言战陈。

⑦ 周，合。道言，谓法术之言。

至死亡，道必不论矣[①]。

昔者吴起教楚悼王[②]以楚国之俗，曰："大臣太重，封君[③]太众。若此，则上逼主而下虐民，此贫国弱兵之道也。不如使封君之子孙三世而收爵禄[④]，绝灭百吏之禄秩，损不急之枝官[⑤]，以奉选练之士。"悼王行之期年而薨矣，吴起枝解[⑥]于楚。商君教秦孝公以连什伍，设告坐之过[⑦]，燔诗书而明法令，塞私门之请而遂公家之劳[⑧]，禁游宦之民[⑨]而显耕战之士。孝公行之，主以尊安，国以富强；八年而薨，商君车裂于秦[⑩]。楚不用吴起而削乱，秦行商君法而

---

① 珠玉人主之所急，然两足刖而始论；法术不如和璧之急，故至死亡而不论。

② 悼王，声王之子，名熊疑。

③ 封君，如春申君、高陵君。

④ 《喻老》篇："楚邦之法，禄臣再世而收地。"则三世而收爵禄，不起于吴起；盖楚法废弛，故吴起云然。

⑤ 枝官，枝冗之官。

⑥ 枝解，谓截其四肢。

⑦ 公孙鞅封于商，号曰"商君"。使什家、伍家相拘连，中有犯罪不告者，则并坐其什伍，故曰"告坐"。过，责。

⑧ 于公有劳者，不滞其功赏。

⑨ 不守本业，游散求官者，设法以禁之。

⑩ 商君尝与太子有隙；太子立，公子虔之徒谮之，竟为车裂。

富强，二子之言也已当矣，然而枝解吴起而车裂商君者，何也？大臣苦法而细民恶治也。当今之世，大臣贪重，细民安乱，甚于楚、秦之俗，而人主无悼王、孝公之听，则法术之士安能蒙二子之危而明己之法术哉？此世所以乱无霸王也。

奸劫弑臣

凡奸臣皆欲顺人主之心，以取信幸之势者也。是以主有所善，臣从而誉之；主有所憎，臣因而毁之。凡人之大体，取舍同者，则相是也；取舍异者，则相非也。今人臣之所誉者，人主之所是也，此之谓同取；人臣之所毁者，人主之所非也，此之谓同舍。夫取舍合而相与逆者，未尝闻也。此人臣之所以取信幸之道也。

夫奸臣得乘信幸之势以毁誉进退群臣者，人主非有术数以御之也，非参验以审之也；必将以曩之合己信今之言，此幸臣之所以得欺主成私者也。故主必蔽于上，而臣必重于下矣。此之谓擅主之臣。国有擅主之臣，则群下不得尽其智力以陈其忠，百官之吏不得奉法以致其功矣。

何以明之？夫安利者就之，危害者去之，此人之情也。今为臣尽力以致功，竭智以陈忠者，其身困而家贫，父子罹其害；为奸利以弊人主，行财货以事贵重之臣者，身尊家富，父子被其泽。人焉能去安利之道，而就危害之处哉？治国若此其过也，而上欲下之无奸、吏之奉法，其不可得，亦明矣。故左右知贞信之不可以得安利也，必曰："我以忠信事上，积功劳而求安，是犹盲而欲知黑白之情，必不几矣[①]。若以道化行正理，不趋富贵[②]，事上而求安，是犹聋而欲审清浊之声也，愈不几矣。二者不可以得安，我安能无相比周，蔽主上，为奸私，以适重人哉？"此必不顾人主之义矣。其百官之吏，亦知方正之不可以得安也，必曰："我以清廉事上而求安，若无规矩而欲为方圆也，必不几矣。若以守法，不朋党，治官而求安，是犹以足搔顶也，愈不几〔也〕矣[③]。二者不可以得安，能无废法行私以适重人哉？"此必不顾君上之法矣。故以私为重人

① 情，谓实。几，幸；不几，谓侥幸其或然而不得。

② 不趋富贵之家。

③ 依王先慎说改。

者众，而以法事君者少矣。是以主孤于上，而臣成党于下，此田成之所以弑简公者也。

夫有术者之为人臣也，效度数[①]之言，上明主法，下困奸臣，以尊主安国者也。是以度数之言得效于前，则赏罚必用于后矣。人主诚明于圣人之术，而不苟于世俗之言，循名实而定是非，因参验而审言辞。是以左右近习之臣知伪诈之不可以得安也，必曰："我不去奸私之行，尽力竭智以事主，而乃以相与比周，妄毁誉以求安，是犹负千钧之重，陷于不测之渊而求生也，必不几矣。"百官之吏，亦知为奸利之不可以得安也，必曰："我不以清廉方正奉法，乃以贪污之心，枉法以取私利，是犹上高陵之颠，堕峻溪之下而求生也，必不几矣。"安危之道，若此其明也，左右安能以虚言惑主，而百官安敢以贪渔[②]下。是以臣得陈其忠而不弊，下得守其职而不怨。此管仲之所以治齐，而商君之所以强秦也。

① 度数，制度、礼数。
② 侵取无择，曰"渔"。

从是观之，则圣人之治国也，固有使人不得不〔爱〕为[1]我之道，而不恃人之以爱为我也[2]。恃人之以爱为我者，危矣；恃吾不可不为者，安矣。夫君臣非有骨肉之亲，正直之道，可以得利，则臣尽力以事主；正直之道，不可以得安，则臣行私以干[3]上。明主知之，故设利害之道以示天下而已矣。夫是以人主虽不口教百官，不目索奸邪，而国已治矣。

人主者，非目若离娄[4]乃为明也，非耳若师旷[5]乃为聪也。不任其数，而待目以为明，所见者少矣，非不蔽之术[6]也。不因其势，而待耳以为聪，所闻者寡矣，非不欺之道[7]也。明主者，使天下不得不为己视，使天下不得不为己听。故身在深宫之

① 依俞樾说改。
② 为，助。《显学》篇“夫圣人之治国，不恃人之为吾善也，而用其不得为非也”，文义与此同。
③ 干，要。
④ 离娄，古之明目者。
⑤ 师旷，晋乐师，知音者。
⑥ 不蔽之术，不为奸臣所掩蔽之道。
⑦ 不欺之道，不为人臣所欺之道。

中，而明照四海之内，而天下弗能蔽、弗能欺者，何也？暗乱之道废，而聪明之势兴也。故善任势者，国安；不知因其势者，国危。

古秦之俗，君臣废法而服私，是以国乱兵弱而主卑。商君说秦孝公以变法易俗而明公道，赏告奸[①]，困末作而利本事[②]。当此之时，秦民习故俗之有罪可以得免，无功可以得尊显也，故轻犯新法。于是犯之者，其诛重而必；告之者，其赏厚而信。故奸莫不得，而被刑者众，民疾怨而众过日闻。孝公不听[③]，遂行商君之法。民后知有罪之必诛，而〔私〕告[④]奸者众也，故民莫犯，其刑无所加。是以国治而兵强，地广而主尊。此其所以然者，匿罪之罚重，而告奸之赏厚也。此亦使天下必为己视听之道也。至治之法术已明矣，而世学者弗知也。

---

① 《史记·商君列传》："告奸者与斩敌首同赏。"

② 末作，商贾、游食、文绣等古人以为"无用"之作；本事，谓农民耕织、工功实用之事。《史记·商君列传》："僇力本业，耕织致粟帛多者复其身。事末利及怠而贫者，举以为收孥。"

③ 不听疾怨之言。

④ 依王先慎说改。

且夫世之愚学，皆不知治乱之情[①]，讘詉[②]多诵先古之书，以乱当世之治；智虑不足以避阱井之陷，又妄非有术之士。听其言者危，用其计者乱。此亦愚之至大而患之至甚者也。俱与有术之士，有谈说之名，而实相去千万也。此夫名同而实有异者也。夫世愚学之人，比有术之士也，犹蚁垤之比大陵也，其相去远矣。而圣人者，审于是非之实，察于治乱之情也。故其治国也，正明法，陈严刑，将以救群生之乱，去天下之祸，使强不陵弱，众不暴寡，耆老得遂，幼孤得长，边境不侵，君臣相亲，父子相保，而无死亡系虏之患。此亦功之至厚者也。愚人不知，顾以为暴。

愚者固欲治而恶其所以治，皆恶危而喜其所以危者。何以知之？夫严刑重罚者，民之所恶也，而国之所以治也；哀怜百姓，轻刑罚者，民之所喜，而国之所以危也。圣人为法国者[③]，必逆于世而顺于

① 情，犹言实。

② 讘，niè；詉，jiá。讘詉，多言细语貌。

③ 王先慎《韩非子集解》引顾广圻说谓“国者”当作“者固”，“者”句绝，“固”下属。——校订者注

道德。知之者，同于义[①]而异于俗；弗知之者，异于义而同于俗[②]。天下知之者少，则义非而俗胜矣[③]。处非道之位[④]，被众口之谮，溺于当世之言，而欲当严天子而求安，几不亦难哉[⑤]？此夫智士所以至死而不显于世者也。

楚庄王之弟春申君[⑥]有爱妾曰余，春申君之正妻子曰甲[⑦]。余欲君之弃其妻也，因自伤其身，以视[⑧]君而泣，曰："得为君之妾，甚幸。虽然，适[⑨]夫人，非所以事君也；适君，非所以事夫人也。身故[⑩]不肖，力不足以适二主。其势不俱适，与其死

① 义，谓时事之宜。
② 不知时宜，故安于故俗。
③ 时事失宜，而习俗之弊胜矣。校订者按：《韩非子集解》无"而俗胜"三字，作"则义非矣"。
④ 非其道而处之，故曰"非道之位"。
⑤ 下"当"字疑衍。几，通"岂"。言今人主溺于当世学者之言，而欲复袭齐桓、晋文之事，岂不难哉。
⑥ 此春申君别自一人，非黄歇。
⑦ 甲，当为"某甲某乙"之"甲"；非其名，乃失其名而假之以名。
⑧ 视，当作"示"，以身受伤之处示君。
⑨ 适，犹合；适夫人，合于夫人之意。
⑩ 故，通"固"。

夫人所者，不若赐死君前。妾愿[1]赐死，若复幸于左右，愿君必察之，无为人笑。”君因信妾余之诈，为弃正妻。余又欲杀甲，而以其子为后。因自裂其亲身衣[2]之里以示君，而泣曰：“余之得幸君之日久矣，甲非弗知也，今乃欲强戏余，余与争之，至裂余之衣，而此子之不孝，莫大于此矣！”君怒而杀甲也。故妻以妾余之诈弃，而子以之[3]死。从是观之，父之爱子也，犹可以毁而害也。君臣之相与也，非有父子之亲也，而群臣之毁言，非特一妾之口也，何怪夫贤圣之戮死哉！此商君之所以车裂于秦，而吴起之所以枝解于楚者也[4]。凡人臣者，有罪固不欲诛，无功者皆欲尊显；而圣人之治国也，赏不加于无功，而诛必行于有罪者也。然则有术数者之为人也，固左右奸臣之所害，非明主弗能听也。

世之学术者说人主，不曰“乘威严之势，以

---

① 《韩非子集解》“愿”作“以”，王先慎谓“以”当作“不”。——校订者注

② 亲身衣，衬衣。

③ 之，指前事，犹“是”。

④ 车裂、枝解，俱轘刑，以车轘裂肢体而杀之。

困奸邪之臣”，而皆曰“仁义惠爱而已矣”。世主美仁义之名，而不察其实，是以大者国亡身死，小者地削主卑。何以明之？夫施与贫困者，此世之所谓“仁义”；哀怜百姓，不忍诛罚者，此世之所谓“惠爱”也。夫施与贫困，则无功者得赏；不忍诛罚，则暴乱者不止。国有无功得赏者，则民〔不外〕外不[①]务当敌斩首，内不急力田疾作，皆欲行货财，事富贵，为私善，立名誉，以取尊官厚俸；故奸私之臣愈众，而暴乱之徒愈胜，不亡何待？

夫严刑者，民之所畏也；重罚者，民之所恶也。故圣人陈其所畏以禁其邪，设其所恶以防其奸，是以国安而暴乱不起。吾以是明仁义爱惠之不足用，而严刑重罚之可以治国也。

无捶策之威、衔橛之备，虽造父不能以服马[②]；无规矩之法、绳墨之端，虽王尔不能以成方圆[③]；无

① 据顾广圻说改。

② 捶策，马鞭；衔，马口所含物；橛，车之木心；造父，周穆王臣，善御者。

③ 规，所以为圆者；矩，所以为方者；绳墨，所以为曲直端正者；王尔，古之巧匠。

威严之势、赏罚之法，虽舜、尧不能以为治。今世主皆轻释重罚严诛，行爱惠，而欲霸王之功，亦不可几也。故善为主者，明赏设利以劝之，使民以功赏，而不以仁义赐；严刑重罚以禁之，使民以罪诛，而不以爱惠免。是以无功者不望，而有罪者不幸矣。

托于犀[①]车良马之上，则可以陆犯阪阻之患；乘舟之安，持楫之利，则可以水绝江河之难；操法术之数，行重罚严诛，则可以致霸王之功。治国之有法术赏罚，犹若陆行之有犀车良马也，水行之有轻舟便楫也，乘之者遂得其成。伊尹得之，汤以王；管仲得之，齐以霸；商君得之，秦以强。此三人者，皆明于霸王之术，察于治强之数，而不以牵于世俗之言；适当世明主之意，则有直任布衣之士，立为卿相之处[②]；处位治国，则有尊主广地之实。此之谓足贵之臣。

汤得伊尹，以百里之地，立为天子；桓公得

① 犀，犹言坚。

② 处，当为“名”字之误。言如此三人，遇合其君之意，则其君有举贤为佐之名。

管仲，立为五霸主，九合诸侯，一匡天下；孝公得商君，地以广，兵以强。故有忠臣者，外无敌国之患，内无乱臣之忧，长安于天下，而名垂后世：所谓忠臣也。若夫豫让为智伯臣也，上不能说人主，使之明法术度数之理，以避祸难之患；下不能领御其众，以安其国。及襄子之杀智伯也，豫让乃自〔黔〕黥[①]劓，败其形容，以为智伯报襄子之仇。是虽有残形杀身，以为人主之名，而实无益于智伯若秋毫之末[②]。此吾之所下也，而世主以为忠而高之。古有伯夷、叔齐者，武王让以天下而弗受，二人饿死首阳之陵[③]。若此臣者，不畏重诛，不利重赏，不可以罚禁也，不可以赏使也。此之谓无益之臣也，吾所少而去也，而世主之所多而求也。

谚曰："厉怜王[④]。"此不恭之言也。虽然，古

① 黔，据顾广圻说改"黥"。

② 言无秋毫之末益于智伯者。古文语倒置，如管子曰"子邪？言伐莒者"，即此类。

③ 伯夷、叔齐，孤竹君之二子。周武王让天下事，传记所未见，盖战国辩士之言耳。首阳，山名。

④ 厉，通"癞"。癞疾之人哀怜王之不如己。《战国策》以此作荀子为书谢春申君，《韩诗外传》同。

无虚谚，不可不察也。此谓[①]劫杀死亡之主言也。人主无法术以御其臣，虽长年而美材，大臣犹将得势，擅事主断[②]，而各为其私急。而恐父兄豪杰之士借人主之力以禁诛于己也，故弑贤长而立幼弱，废正适[③]而立不义。故《春秋》记之曰：“楚王子围将聘于郑，未出境，闻王病而反；因入问病，以其冠缨绞王而杀之，遂自立也。”“齐崔杼，其妻美而庄公通之，数如崔氏之室。及公往，崔子之徒贾举，率崔子之徒而攻公。公入室，请与之分国，崔子不许；公请自刃于庙，崔子又不听。公乃走，逾于北墙；贾举射公，中其股；公坠，崔子之徒以戈斫公而死之，而立其弟景公。”近之所见：李兑之用赵也，饿主父[④]百日而死；淖齿之用齐也，擢湣王之筋，悬之庙梁，宿昔而死[⑤]。故厉虽痈肿疕疡[⑥]，

① 谓，通“为”。
② 事，谓政事。主断，谓专决。
③ 正，谓嫡长。适，通“嫡”。
④ 主父，赵肃侯子武灵王，名雍。
⑤ 湣王，宣王子，名遂；宿昔，一夜。
⑥ 痈肿，脓疮；疕，bǐ，头疡，亦谓秃。

上比于春秋，未至于绞颈射股也；下比于近世，未至饿死擢筋也。故劫杀死亡之君，此其心之忧惧、形之苦痛也，必甚于厉矣。由此观之，虽厉怜王，可也。

亡征

凡人主之国小而家大[①]，权轻而臣重者，可亡也。简法禁而务谋虑，荒封内而恃交援者[②]，可亡也。群臣为学，门子好辩[③]，商贾外积[④]，小民内困者，可亡也。好宫室台榭陂池，事车服器玩好，罢露百姓，煎靡[⑤]货财者，可亡也。用时日[⑥]，事鬼神，信卜筮，而好祭祀者，可亡也。听以爵，不以众言参验[⑦]，用一人为门户者[⑧]，可亡也。官职

---

① 国，言君国；家，言大夫家。

② 封内，封疆之内；交援，交与援救之国。简易法禁，则奸不止；务谋虑，则作伪徼幸。荒封内，则不富；恃交援，则无备。

③ 门子，大夫嫡子。学、辩之失，在虚论高议而非时俗。

④ 外，犹“私”；外积，谓私藏货财以避征税。

⑤ 煎，沸；靡，损。谓滥用。

⑥ 用占候时日者。

⑦ 谓听否视爵之尊卑，而不参验众言得失。

⑧ 令一人处要地。门户，谓出言纳言，不得不由是人。

可以重求[①]，爵禄可以货得者，可亡也。缓心而无成[②]，柔茹而寡断[③]，好恶无决，而无所定立者，可亡也。饕贪而无餍[④]，近利而好得者，可亡也。喜淫刑而不周于法[⑤]，好辩说而不求其用，滥于文丽而不顾其功者，可亡也。浅薄而易见[⑥]，漏泄而无藏，不能周密，而通[⑦]群臣之语者，可亡也。很刚而不和，愎谏而好胜，不顾社稷，而轻为自信者，可亡也。恃交援而简近邻，怙强大之救，而侮所迫之国者[⑧]，可亡也。羁旅侨士，重帑在外，上间[⑨]谋计，下与民事者，可亡也。民信其相，下不能其上[⑩]，主爱信之而弗能废者，可亡也。境内之杰

---

① 可以重求，谓可因重臣求得。
② 惰而无立志。
③ 茹，柔弱。谓柔懦而不能独断。
④ 贪甚曰“饕”；无餍，不知足。
⑤ 刑滥曰“淫”；周，切合。
⑥ 好恶之情易见。
⑦ 通，犹“漏”。
⑧ 怙，恃。迫，近。
⑨ 间，犹“与”。
⑩ 大臣行私德，民信爱之，而不知戴其君上。

不事[①]，而求封外之士，不以功伐课试，而好以名问举错，羁旅起贵，以陵故常[②]者，可亡也。轻其适正，庶子称衡[③]，太子未定而主即世[④]者，可亡也。大心而无悔，国乱而自多[⑤]，不料境内之资，而易其邻敌者[⑥]，可亡也。国小而不处卑，力少而不畏强，无礼而侮大邻，贪愎而拙交者，可亡也。太子已置，而娶于强敌以为后妻，则太子危，如是则群臣易虑[⑦]；群臣易虑者，可亡也。怯慑而弱守，蚤见而心柔懦[⑧]，知有谓可断而弗敢行者[⑨]，可亡也。出君在外而国更置[⑩]，质太子未反而君易子，如是则国携[⑪]；国携者，可亡也。挫辱大臣而狎其

① 不事，谓不服职事。
② 故常，故旧习常之臣。
③ 适，通“嫡”。谓嫡庶轻重相均衡。
④ 死书于世本，曰“即世”。
⑤ 自多其智能。
⑥ 谓不自量其力，而轻视其邻敌。
⑦ 或党于太子，或党于后妻之子，易生疑虑。
⑧ 虽早见祸端，而心柔懦不能禁。
⑨ 既能断其可行，而竟弗敢行。
⑩ 更置，谓别立君。
⑪ 携，贰。

身，刑戮小民而逆其使[①]，怀怒思耻而专习[②]，则贼生；贼生者，可亡也。大臣两重，父兄众强，内党外援[③]，以争事势者，可亡也。婢妾之言听，爱玩之智用，外内悲惋，而数行不法者，可亡也。简侮大臣，无礼父兄，劳苦百姓，杀戮不辜者，可亡也。好以智矫法，时以私杂公[④]，法禁变易，号令数下者，可亡也。无地固[⑤]，城郭恶，无畜积，财物寡，无守战之备而轻攻伐者，可亡也。种类不寿，主数即世，婴儿为君，大臣专制，树羁旅以为党，数割地以待交者[⑥]，可亡也。太子尊显，徒属众强，多大国之交，而威势蚤具者，可亡也。变褊而心急，轻疾而易动发，心悁忿而不訾[⑦]前后者，可亡也。主多怒而好用兵，简本教[⑧]而轻战攻

---

① 逆，犹“虚”。谓刑其身而又虚使之。
② 专，专任；习，亵近。
③ 内结党与，外借交援。
④ 以私杂公，谓假公济私。
⑤ 无地固，一作“地无固”，谓地无险固难守。
⑥ 待，当作“恃”。割地以交结大国而恃为外援。
⑦ 訾，量。
⑧ 本，农事；教，练兵。不务农则贫，不练兵则弱。

者，可亡也。贵臣相妒，大臣隆盛，外藉敌国，内困百姓，以攻怨雠，而人主弗诛者，可亡也。君不肖而侧室[①]贤，太子轻而庶子伉[②]，官吏弱而人民桀，如此则国躁；国躁者，可亡也。藏怒而弗发，悬罪而弗诛，使群臣阴憎而愈忧惧，而久未可知者，可亡也。出军命将太重，边地任守太尊，专制擅命，径为而无所请者[③]，可亡也。后妻淫乱，主母畜秽，外内混通，男女无别，是谓两主；两主者，可亡也。后妻贱而婢妾贵，太子卑而庶子尊，相室轻而典谒重[④]，如此则内外乖；内外乖者，可亡也。大臣甚贵，偏党众强，壅塞主断而重擅国者，可亡也。私门之官用，马府之世绌[⑤]，乡曲之善举，官职之劳废，贵私行而贱公功者，可亡也。公家虚而大臣实，正户[⑥]贫而寄寓富，耕战之

---

① 侧室，君之父兄行。

② 伉，敌，与太子伉礼。

③ 专意为之，而不请命于君。

④ 相室，卿；典谒，主宾客告请之事者。

⑤ 马府，即幕府，为将帅立功者；世，世族，谓子孙；绌，通“黜”。私门之官用，则大臣富；幕府之族黜，则公卒弱。

⑥ 正户，谓有正籍而不移徙之民。

士困，末作之民利者，可亡也。见大利而不趋，闻祸端而不备，浅薄于争守之事，而务以仁义自饰者，可亡也。不为人主之孝，而慕匹夫之孝[①]，不顾社稷之利，而听主母[②]之令，女子用国，刑余[③]用事者，可亡也。辞辩而不法，心智而无术，主多能而不以法度从事者，可亡也。亲臣进而故人退，不肖用事而贤良伏，无功贵而劳苦贱，如是则下怨；下怨者，可亡也。父兄大臣，禄秩过功，章服侵等，宫室供养太侈，而人主弗禁，则臣心无穷[④]；臣心无穷者，可亡也。公婿、公孙，与民同门[⑤]，暴傲其邻者，可亡也。

亡征者，非曰必亡，言其可亡也。夫两尧不能相王，两桀不能相亡：亡王之机，必其治乱，其

① 《孝经》云："富贵不离其身，然后能保其社稷，而和其民人，盖诸侯之孝也。……谨身节用，以养父母，此庶人之孝也。"

② 主母，即君母，《史记·赵世家》云："武灵王自号为'主父'。"盖当时有此称。

③ 刑余，谓阉宦。

④ 贪欲无餍。

⑤ 同门，谓与为嫁娶。

强弱相踦者也[①]。木之折也，必通蠹；墙之坏也，必通隙。然木虽蠹，无疾风不折；墙虽隙，无大雨不坏。万乘之主，有能服术行法，以为亡征之君风雨者，其兼天下不难矣。

① 治乱，数；强弱，形。彼此形数相若，则不能相王相亡矣；相王相亡之机，必在形数之相异。踦，偏昂偏低，不相衡。

守道

圣王之立法也，其赏足以劝善，其威足以胜暴，其备足以完法；治世之臣，功多者位尊，力极者赏厚，情尽者名立。善之生如春，恶之死[①]如秋。故民劝极力而乐尽情。此之谓上下相得。上下相得，故能使用力者自极于权衡，而务至于任鄙[②]；战士出死，而愿为贲、育[③]；守道者皆怀金石之心，以死子胥之节。用力者为任鄙，战如贲、育，守为金石[④]，则君人者高枕而守已完矣。

古之善守者，以其所重，禁其所轻；以其所

---

① 死，消灭。
② 任鄙，秦武王力士。言务尽力。
③ 贲，孟贲；育，夏育。皆古勇士。
④ 此指上“守道者皆怀金石之心”而言。

难，止其所易[①]。故君子与小人俱正，盗跖与曾、史[②]俱廉。何以知之？夫贪盗不赴溪而掇[③]金；赴溪而掇金，则身不全。贲、育不量敌，则无勇名；盗跖不计可，则利不成。

明主之守禁也，贲、育见侵[④]于其所不能胜，盗跖见害于其所不能取[⑤]。故能禁贲、育之所不能犯，守盗跖之所不能取，则暴者守愿，邪者反正。大勇愿，巨盗贞，则天下公平，而齐民之情正矣[⑥]。人主离法失人，则危于伯夷不妄取，而不免于田成、盗跖之祸[⑦]。何也？今天下无一伯夷，而奸人不绝世，故立法度量。度量信，则伯夷不失是，而盗跖不得非；法分明，则贤不得夺不肖，强不得侵弱，众不得暴寡。托天下于尧之法，则贞士不

① 重罚者，人之所畏而难侵；小不善者，人之所轻而易止。故立重罚而示之，使人止不善于所易止之地，而无丽于所畏恶之刑。

② 曾，曾参，孔子弟子；史，史鱼，卫大夫。

③ 掇，拾取。

④ 侵，夺。

⑤ 法立则群力退听。

⑥ 愿，谨；贞，正；齐民，凡民。

⑦ 危，高。此言人主虽有伯夷不妄取之高，离法失人，不能禁止臣下，终有田常、盗跖之祸。

失分，奸人不徼幸；寄千金于羿之矢[1]，则伯夷不得亡，而盗跖不敢取。尧明于不失奸，故天下无邪；羿巧于不失发，故千金不亡。邪人不寿，而盗跖止。如此，故图不载宰予不举六卿，书不著子胥不明夫差[2]。孙、吴之略废[3]，盗跖之心伏[4]。人主甘服[5]于玉堂之中，而无瞋目切齿倾取之患；人臣垂拱于金城之内，而无扼腕聚唇[6]嗟唶之祸。

服虎而不以柙，禁奸而不以法，塞伪而不以符，此贲、育之所患，尧、舜之所难也。故设柙非所以备鼠也，所以使怯弱能服虎也；立法非所以备曾、史也，所以使庸主能止盗跖也；为符非所以豫尾生也[7]，所以使众人不相谩也。不恃比干之死节，不幸[8]乱臣之无诈也；持怯士之所能服，握庸主之

① 羿之矢发无不中，喻峻法之不可苟免。

② 倒装句，犹言“六卿不举宰予，夫差不明子胥”。

③ 法立，则无所用其谋划。

④ 法立，则慑伏。

⑤ 甘，犹言缓；甘服，谓宽缓衣服，不烦甲胄。

⑥ 扼腕聚唇，皆嗟痛状。

⑦ 豫，谓虑。尾生，微生亩，以信称于世。

⑧ 幸，冀。

所易守。当今之世，为人主忠计，为天下结德者，利莫长于此。故君人者无亡国之图，而忠臣无失身之画。明于尊位必法[①]，故能使人尽力于权衡，死节于官职。通贲、育之情，不以死易生，域盗跖之贪，不以财易身[②]，则守国之道毕备矣。

① 必法，必任法。

② 域，限制。二句言法立，则烈士不必徇名，贪夫不必徇财。

大体[1]

古之全大体者，望天地，观江海，因山谷，日月所照，四时所行，云布风动[2]；不以智累心，不以私累己[3]；寄治乱于法术，托是非于赏罚，属轻重于权衡；不逆天理，不伤情性；不吹毛而求小疵，不洗垢而察难知；不引绳之外，不推绳之内[4]；不急法之外，不缓法之内；守成理，因自然[5]；祸福生乎道法而不出乎爱恶[6]，荣辱之责在乎己而不在乎人。故

① 大体，谓所以治天下之大体。

② 如天地之无不持载，无不覆帱，如江海之广大，如山谷之高深，如日月之代明，如四时之错行；德泽云布，四方风动。

③ 谓清静；小智、私利，皆身心之累。

④ 随绳而断。

⑤ 成，犹定；因，循。

⑥ 言刑赏皆循道理法度，而不系于为治者之爱憎。

至安之世，法如朝露，纯朴不散；心无结怨，口无烦言[①]。故车马不疲弊于远路；旌旗不乱于大泽；万民不失命于寇戎；雄骏不创寿于旗幢[②]；豪杰不著名于图书，不录功于盘盂[③]；记年之牒[④]空虚。故曰："利莫长于简，福莫久于安。"

使匠石[⑤]以千岁之寿，操钩[⑥]，视规矩，举绳墨，而正太山；使贲、育带干将[⑦]而齐万民：虽尽力于巧，极盛于寿，太山不正，民不能齐。故曰："古之牧天下者，不使匠石极巧以败太山之体，不使贲、育尽威以伤万民之性。"因道全法，君子乐而大奸止。澹然闲静，因天命，持大体，故使人无离

① 烦言，忿争。

② 创，戕；创寿，戕其寿命。幢，麾。《吴子·治兵》云："教战之令，……强者持旌旗。"《尉缭子·兵教》："十二曰'力卒'，谓经旗全曲。"《六韬·犬韬·练士》云："有拔距伸钩，强梁多力，溃破金鼓，绝灭旌旗者，聚为一卒，名曰勇力之士。"我有此力卒，敌亦有搴旗之勇士，故雄骏之士相戕寿命于旗幢。

③ 古者有功刻诸盘盂。

④ 记年之牒，晋之《乘》、楚之《梼杌》、鲁之《春秋》之类。

⑤ 匠石，匠人名石者。《庄子·徐无鬼》："匠石运斤成风。"

⑥ 钩，所以为曲者。

⑦ 干将，古利剑名。

法之罪，鱼无失水之祸。如此，故天下少不治。

上不天，则下不遍覆；心不地，则物不毕载[①]。太山不立好恶[②]，故能成其高；江海不择小助，故能成其富[③]。故大人寄形于天地而万物备[④]，历心于山海[⑤]而国家富。上无忿怒之毒，下无伏怨之患；上下交顺，以道为舍。故长利积，大功立，名成于前，德垂于后，治之至也。

---

① 天，谓无私，如天覆而无外。地，谓受垢而不辞卑。

② 不立好恶，言土壤与宝玉偕藏。

③ 小助，谓细流。富，谓鲛龙、鱼鳖生焉，货财殖焉。

④ 《孟子·告子上》曰："从其大体为大人。"寄形，谓体之。备，成。

⑤ 历，《群书治要》作"措"；历心于山海，谓立心如泰山之不让土壤，江海之不择细流。

难势

慎子[①]曰："飞龙乘云，腾蛇[②]游雾；云罢雾霁，而龙蛇与螾[③]蚁同矣，则失其所乘也。贤人而诎于不肖者，则权轻位卑也；不肖而能服于贤者，则权重位尊也。尧为匹夫，不能治三人；而桀为天子，能乱天下。吾以此知势位之足恃，而贤智之不足慕也。夫弩弱而矢高者，激于风也；身不肖而令行者，得助于众也。尧教于隶属而民不听；至于南面而王天下，令则行，禁则止。由此观之，贤智未足

---

① 慎子，名到，赵人，学黄、老道德之术，著书四十二篇。

② 《尔雅·释鱼》："螣，螣蛇。"注："龙类也。"《山海经·中山经》："又南九十里曰柴桑之山，……多白蛇飞蛇。"注："即螣蛇，乘雾而飞者。"

③ 螾，同"蚓"。

以服众，而势位足以诎贤者也。”

应慎子[1]曰：“飞龙乘云，腾蛇游雾，吾不以龙蛇为不托于云雾之势也；虽然，夫释贤而专任势，足以为治乎？则吾未得见也。夫有云雾之势，而能乘游之者，龙蛇之材美也。今云盛而螾弗能乘也，雾醲而蚁不能游也。夫有盛云醲雾之势，而不能乘游者，螾蚁之材薄也。今桀、纣南面而王天下，以天子之威为之云雾，而天下不免乎大乱者，桀、纣之材薄也。且其人以尧之势治天下也，其势何以异桀之势乱天下者也。夫势者，非能必使贤者用己，而不肖者不用己也[2]。贤者用之，则天下治；不肖者用之，则天下乱。人之情性，贤者寡而不肖者众，而以威势之利，济乱世之不肖人，则是以势乱天下者多矣，以势治天下者寡矣。

“夫势者，便治而利乱者也。故《周书》曰：‘毋为虎傅翼，将飞入邑，择人而食之。’夫乘不肖人于势，是为虎傅翼也。桀、纣为高台深池以尽民

① 或难慎子。

② 即谓以势而言：势者人人得而用之，不能使贤者用我而不肖者不用我也。

力，为炮烙以伤民性。桀、纣得乘势肆行者，南面之威为之翼也。使桀、纣为匹夫，未始行一，而身在刑戮矣[①]。

"势者，养虎狼之心，而成暴乱之事者也[②]。此天下之大患也。势之于治乱，本未有位也[③]；而语专言势之足以治天下者，则其智之所至者浅矣。夫良马固车，使臧获御之，则为人笑；王良御之，而日取千里[④]。车马非异也，或至乎千里，或为人笑，则巧拙相去远矣。今以国为车，以势为马，以号令为辔，以刑罚为鞭策，使尧、舜御之，则天下治，桀、纣御之，则天下乱，则贤不肖相去远矣。夫欲追速致远，不知任王良；欲进利除害，不知任贤能。此则不知类之患也。夫尧、舜亦治民之王良也。"

复应之曰："其人以势为足恃以治官；客[⑤]曰

① 言匹夫未一行桀、纣之暴乱，而刑戮已随之。
② 谓桀、纣得有天下之势以为之傅翼，所以暴乱之事成。
③ "位"作"定"解；言势可为治，亦可为乱，本无一定。
④ 臧获，谓奴婢。王良，赵简子御者。
⑤ 客，谓难慎子之客。

‘必待贤乃治’，则不然矣。夫势者，名一而变无数者也[①]。势必于自然，则无为言于势矣；吾所为言势者，言人之所设也[②]。今曰尧、舜得势而治，桀、纣得势而乱，吾非以尧、舜为不然也；虽然，非一人之所得设也。夫尧、舜生而在上位，虽有十桀、纣不能乱者，则势治也；桀、纣亦生而在上位，虽有十尧、舜而亦不能治者，则势乱也。故曰：‘势治者则不可乱，而势乱者则不可治也。’此自然之势也，非人之所得设也。若吾所言，谓人之所得设也；若吾所言，谓人之所得〔势〕设[③]也而已矣。贤何事焉[④]！何以明其然也？客[⑤]曰：‘人有鬻矛与楯者，誉其楯之坚：“物莫能陷也。”俄而又誉

---

① 势者，其名为一，而为变不可胜数；譬犹色不过五，而五色之变不可胜数。

② 言势大别为二：一自然之势，一人设之势。自然之势一成不变，无俟于论；今之所言，专指人设之势。人所设之势者，言礼法。贾谊《治安策》："夫立君臣，等上下，使父子有礼，六亲有纪，此非天之所为、人之所设也。夫人之所设，不为不立，不植则僵，不修则坏。"

③ 依俞樾说改。

④ 言得势，则不待贤人而治。

⑤ 此客，韩子假设之客，非难慎子之客。

其矛，曰：“吾矛之利，物无不陷也。”人应之曰：“以子之矛，陷子之楯，何如？”其人弗能应也。’以为不可陷之楯，与无不陷之矛，为名不可两立也。夫贤之为势不可禁，而势之为道也无不禁；以不可禁之势[1]，与无不禁之道[2]，此矛楯之说也。夫贤势之不相容，亦明矣。

“且夫尧、舜、桀、纣千世而一出，非比肩随踵而生也。世之治者不绝于中[3]，吾所以为言势者，中也。中者，上不及尧、舜，而下亦不为桀、纣，抱法处势则治，背法去势则乱。今废势背法而待尧、舜，尧、舜至乃治，是千世乱而一治也；抱法处势而待桀、纣，桀、纣至乃乱，是千世治而一乱也[4]。且夫治千而乱一，与治一而乱千也，是犹乘骥駬而分驰也，相去亦远矣[5]。

---

① 谓贤。
② 谓势。
③ 中，谓中材之人。
④ 此言治术之用势，急于任贤。
⑤ 骥駬并千里马，乘而分驰，违背必速。

"夫弃隐栝[①]之法，去度量之数，使奚仲[②]为车，不能成一轮；无庆赏之劝，刑罚之威，释势委法，尧、舜户说而人辩之，不能治三家。夫势之足用亦明矣，而曰'必待贤'，则亦不然矣。且夫百日不食，以待粱肉，饿者不活；今待尧、舜之贤，乃治当世之民，是犹待粱肉而救饿之说也。夫曰：'良马固车，臧获御之，则为人笑；王良御之，则日取乎千里。'吾不以为然。夫待越人之善游者，以救中国之溺人，越人善游矣，而溺者不济。夫待古之王良以驭今之马，亦犹越人救溺之说也，不可亦明矣。夫良马固车，五十里而一置，使中手御之，追速致远，可以及也，而千里可日致也[③]，何必待古之王良乎[④]？且御非使王良也，则必使臧获败之；治非使尧、舜也，则必使桀、纣乱之。此味非饴蜜也，必苦菜、亭历也[⑤]。此则积辩累辞，离理失术，

① 隐栝，正邪曲之器。揉曲曰"隐"，正方曰"栝"，盖犹言规矩。

② 奚仲，夏禹车服大夫。

③ 可以计日而致。

④ 此言中人用势，则其功不弱于贤。

⑤ 言味之甘者，如饴糖、蜂蜜；非此二者，尚有中常之味。如上所言，舍饴蜜之外，便是苦菜、亭历，其必不可信，明矣。亭历，药名。

两末之议也，奚可以难夫道理之言乎哉[①]？客议未及此论也。”

① 客意以为天下之治，非至圣则至暴，此犹言味非至甘则至苦，而不知尚有中常之味。如此说，则叠积其辩，重累其辞，离道理，失法术，而两趋极端之议，何可以难慎子合于道理之议乎？

问辩

或问曰："辩安生乎？"

对曰："生于上之不明也。"

问者曰："上之不明，因生辩也，何哉？"

对曰："明主之国，令者，言最贵者也；法者，事最适者也。言无二贵，法不两适[1]，故言行而不轨于法令者必禁。若其无法令而可以接诈应变、生利揣[2]事者，上必采其言而责其实。言当则有大利，不当则有重罪。是以愚者畏罪而不敢言，智者无以讼。此所以无辩之故也。乱世则不然。主上有令，而民以文学非之；官府有法，民以私行矫之。人主

① "无二贵"者，莫贵于君令也；"不两适"者，适于公而不适于私也。

② 揣，量。

顾渐[①]其法令，而尊学者之智行。此世之所以多文学也。

“夫言行者，以功用为之的彀者也。夫砥砺杀矢[②]，而以妄发，其端未尝不中秋毫也；然而不可谓善射者，无常仪的也。设五寸之的，引十步之远，非羿、逢蒙不能必中者，有常仪的也。故有常则羿、逢蒙[③]以五寸的为巧，无常则以妄发之中秋毫为拙。今听言观行，不以功用为之的彀，言虽至察，行虽至坚，则妄发之说也。是以乱世之听言也，以难知为察，以博文为辩；其观行也，以离群为贤，以犯上为抗。人主者，说辩察之言，尊贤抗之行，故夫作法术之人，立取舍之行，别辞争之论，而莫为之正。是以儒服带剑者众，而耕战之士寡；坚白无厚[④]之词章，而宪令之法息。故曰：‘上不明，则辩生焉。’”

---

① 渐，jiān，没。

② 砥砺，磨而利之；杀矢，用诸田猎之矢。

③ 羿，古之善射者；逢蒙，学于羿者。

④ 坚白，公孙龙之说；无厚，邓柏之说。俱为名家无用之诡辩。

定法

问者曰："申不害、公孙鞅，此二家之言，孰急于国？"

应之曰："是不可程[1]也。人不食，十日则死；大寒之隆[2]，不衣亦死。谓之衣食孰急于人，则是不可一无也，皆养生之具也。今申不害言术，而公孙鞅为法。术者，因任而授官，循名而责实，操杀生之柄，课[3]群臣之能者也。此人主之所执也。法者，宪令著于官府，刑罚必于民心，赏存乎慎法，而罚加乎奸令者也。此臣之所师也。君无术，则弊[4]

---

① 程，称轻重。

② 隆，盛。

③ 课，试。

④ 弊，通"蔽"。

于上；臣无法，则乱于下。此不可一无，皆帝王之具也。”

问者曰：“徒[①]术而无法，徒法而无术，其不可何哉？”

对曰：“申不害，韩昭侯之佐也。韩者，晋之别国[②]也。晋之故法未息，而韩之新法又生；先君之令未收，而后君之令又下。申不害不擅其法，不一其宪令，则奸多。故利在故法前令，则道[③]之；利在新法后令，则道之。利在故新相反，前后相悖，则申不害虽十使昭侯用术，而奸臣犹有所谲其辞矣。故托万乘之劲韩，〔七十〕十七[④]年而不至于霸王者，虽用术于上，法不勤饰于官之患也。

“公孙鞅之治秦也，设告〔相〕坐而责其实[⑤]，连什伍而同其罪[⑥]；赏厚而信，刑重而必。是以其

① 徒，但，仅仅。

② 晋三卿韩、赵、魏，分晋国而有之，故曰“别国”。

③ 道，从。

④ 七十，依顾广圻说，改“十七”。

⑤ 相，依王先慎说删。告坐，谓告坐之法：不告奸者，腰斩；告奸者，与斩敌首同赏。

⑥ 五家为伍，二伍为什，什伍相保：一家有奸，揭之免罪；不揭，九家同罪。

民用力劳而不休，逐敌危而不却，故其国富而兵强；然而无术以知奸，则以其富强也，资人臣而已矣。及孝公、商君死，惠王即位，秦法未败也，而张仪以秦殉韩、魏。惠王死，武王即位，甘茂以秦殉周。武王死，昭襄王即位，穰侯越韩、魏而东攻齐，五年而秦不益一尺之地，乃成其陶邑之封；应侯攻韩八年，成其汝南之封[①]。自是以来，诸用秦者，皆应、穰之类也。故战胜则大臣尊，益地则私封立，主无术以知奸也。商君虽十饰其法，人臣反用其资。故乘强秦之资，数十年而不至于帝王者，法〔不〕虽[②]勤饰于官，主无术于上之患也。"

问者曰："主用申子之术，而官行商君之法，可乎？"

对曰："申子未尽于术，商君未尽于[③]法也。申子言：'治不逾官，虽知弗言。'治不逾官，谓之守职也可；知而弗言，是谓过也[④]。人主以一国目

① 穰侯，魏冉；应侯，范雎。皆秦相。昭王十六年，封魏冉于穰，后益封陶；三十六年，秦封范雎以应。应在汝州，故曰"汝南"。

② 依卢文弨、顾广圻说改。

③ 依顾广圻说增。

④ 是谓过也，谓是则太过矣。

视，故视莫明焉；以一国耳听，故听莫聪焉[①]。今知而弗言，则人主尚安假借矣[②]？商君之法曰：‘斩一首者，爵一级；欲为官者，为五十石之官。斩二首者，爵二级；欲为官者，为百石之官。’官爵之迁与斩首之功相称也。今有法曰：‘斩首者令为医匠。’则屋不成而病不已。夫匠者手巧也，而医者齐[③]药也，而以斩首之功为之，则不当其能。今治官者智能也，今斩首者勇力之所加也；以勇力之所加，而治智能之官，是以斩首之功为医匠也。故曰：‘二子之于法术，皆未尽善也。’”

① 莫明、莫聪，其聪其明无比。
② 安假借矣，谓焉得假借耳目而知奸邪哉。
③ 齐，后作“剂”。

诡使[1]

圣人之所以为治道者三：一曰利，二曰威，三曰名。夫利者，所以得民也；威者，所以行令也；名者，上下之所同道[2]也。非此三者，虽有，不急矣[3]。今利非无有也，而民不化上[4]；威非不存也，而下不听从；官非无法也，而治不当名[5]。三者非不存也，而世一治一乱者，何也？夫上之所贵，常与其所以为治相反也。

夫立名号，所以为尊也；今有贱名轻实者，世

---

① 凡事上下远近颠倒，曰“诡”。下之所欲与上之所为治相反，故曰“诡使”。

② 道，由，趋。

③ 他端皆可从缓。

④ 谓不怀上之德。

⑤ 当，敌。谓治法不敌虚名。

谓之高。设爵位，所以为贱贵基也；而简[①]上不求见者，世谓之贤。威利，所以行令也；而无利轻威[②]者，世谓之重。法令，所以为治也；而不从法令为私善者，世谓之忠。官爵，所以劝民也；而好名义不进仕者，世谓之烈士。刑罚，所以擅威也；而轻法不避刑戮死亡之罪者，世谓之勇夫[③]。民之急名也，甚其求利也。如此，则士之饥饿乏绝者，焉得无岩居苦身以争名于天下哉！故世之所以不治者，非下之罪，上失其道也。常贵其所以乱，而贱其所以治。是故下之所欲，常与上之所以为治相诡也[④]。

今下而听其上，上之所急也。而惇悫纯信，用心怯言，则谓之窭[⑤]；守法固，听令审，则谓之愚；敬上畏罪，则谓之怯；言时节，行中适，则谓之不肖；无二心私学，听吏从教者，则谓之陋。难致[⑥]，

① 简，轻忽。
② 无，谓蔑；蔑利，不悦赏。轻威，不畏罚。
③ 以上六者，世之所称誉，而国之所以亡。
④ 诡，左。上之所以为治在刑赏，而下所贵在名，故相左。
⑤ 窭，谓贫，寒酸貌。
⑥ 难致，谓人主征不就。

谓之正；难予[①]，谓之廉；难禁，谓之齐[②]；有令不听从，谓之勇；无利于上，谓之愿[③]；宽惠行德，谓之仁；重厚自尊，谓之长者；私学成群，谓之师徒；闲静安居，谓之有思[④]；损仁逐利，谓之疾；躁佻反复[⑤]，谓之智；先为人而后自为，类名号言[⑥]，泛爱天下，谓之圣；言大不称，而不可用，行而乖于世者，谓之大人；贱爵禄、不挠上者[⑦]，谓之杰。下渐行[⑧]如此，入则乱民，出则不使[⑨]也。上宜禁其欲，

---

① 难予，谓不受上赏，独贪名。

② 齐，谓壮。

③ 不干求于上，则谓谨厚。

④ 思，道德纯备。

⑤ 原作“险躁佻反复”，王先慎《韩非子集解》认为“佻”字衍文，“险躁佻反复”当为“险躁反复”。——校订者注

⑥ 类，比。名号，《春秋繁露》云：“‘号’凡而略，‘名’详而目。‘目’者，偏辨其事也；‘凡’者，独举其事也。”盖“号”乃事物之总名，“名”则总名中之散名。如享鬼神总称曰“祭”，猎禽兽总称曰“田”，号也。春“祠”、夏“礿”、秋“尝”、冬“烝”，祭之名；春“苗”、夏“狝”、秋“蒐”、冬“狩”，田之名。言，如《毛诗·小雅·正月》“维号斯言”、《难言》篇“以具数言”“以质信言”之“言”。

⑦ 挠，屈。

⑧ 渐行，谓世将移变，流俗陵迟。

⑨ 不使，不任事。

灭其迹，而不止也[①]；又从而尊之，是教下乱上以为治也。

凡上所治者，刑罚也；今有私行义者尊。社稷之所以立者，安静[②]也；而噪险谗谀者任。四封之内所以听从者，信与德也；而陂知倾覆[③]者使。令之所以行，威之所以立者，恭俭听上也，而岩居非世者显。仓廪之所以实者，耕农之本务也；而綦[④]组锦绣、刻画为末作者富。名之所以成，城池之所以广者，战士也；今死之孤饥饿乞于道，而优笑酒徒之属乘车衣丝。赏禄，所以尽民力，易[⑤]下死也；今战胜攻取之士劳而赏不沾，而卜筮、视手理、〔孤虫〕狐蛊[⑥]为顺辞于前者日赐。上握度量，所以擅生杀之柄也；今守度奉量之士，欲以忠婴上而不

① 禁之而犹不止。
② 安定静默之人。
③ 陂知，无信；倾覆，无德。
④ 綦，绮彩。
⑤ 易，如“贸易”之“易”；谓买其忠爱之心，使不爱其生。
⑥ 筮，卜之一种，以蓍草奇偶求卦爻而卜凶吉者。视手理，相手掌纹理以觇人休咎者。孤虫，依俞樾说改“狐蛊”；狐蛊，为媚态甘言以惑人者。

得见；巧言利辞，行奸轨以幸偷世者数御[①]。据法直言，名刑[②]相当，循绳墨，诛奸人，所以为上治也，而愈疏远；谄施[③]顺意，从欲以危世者近习。悉租税，专民力，所以备难充仓府也；而士卒之逃事〔状〕伏[④]匿，附托有威之门[⑤]，以避徭赋，而上不得者，万数。

夫陈善田利宅，所以厉战士也；而断头裂腹，播骨乎〔平〕[⑥]原野者，无宅容身，死田亩[⑦]，而女妹有色[⑧]，大臣左右无功者，择宅而受，择田而食。赏利一从上出，所以善制下也；而战介之士不得职，而闲居之士尊显。上以此为教，名安得无卑，位安得无危！夫卑名危位者，必下之不从法令，有

① 数，shuò；御，进。此言巧言利辞之人得常进见。
② 刑，通“形”。
③ 施，通“訑”，多言，亦谄意。
④ 依王先谦说改。
⑤ 有威之门，权门。
⑥ 平，依顾广圻说删。
⑦ 谓露居野死。
⑧ 女妹，少女，《毛诗·大雅·大明》“伣天之妹”疏云：“初嫁必幼，故以妹言之。”有色，冶容。

二心，〔无〕务私学，反逆世[①]者也；而不禁其行，不破其群，以散其党，又从而尊之，用事者过矣。

上之所以立廉耻者，所以厉下也；今士大夫不羞污泥丑辱而宦[②]，女妹私义之门不待次而宦[③]。赏赐，所以为重也；而战斗有功之士贫贱，而便辟优徒超级。名号诚信，所以通威也；而主掩障。近习、女谒并行，百官主爵迁人，用事者过矣。大臣官人，与下先谋[④]，比周〔虽〕不法，〔行〕威利在下[⑤]，则主卑而大臣重矣。

夫立法令者，以废私也；法令行，而私道废矣。私者，所以乱法也。而士有二心私学，岩居窞[⑥]路，托伏深虑，大者非世，细者惑下；上不禁，又从而尊之以名，化之以实[⑦]，是无功而显，无劳而富也。如此，则士之有二心私学者，焉得无深虑，

---

① 谓违抗世主。
② 谓乞怜昏夜。
③ 谓破格升迁。
④ 卖重于下，以收威望。
⑤ 权利不在人主而在人臣。
⑥ 窞，窟。
⑦ 谓与之以实利。

勉知诈与，诽谤法令，以求索与世相反者也！

凡乱上反世者，常[①]士有二心私学者也。故《本言》[②]曰："所以治者，法也；所以乱者，私也。法立，则莫得为私矣。"故曰："道私者乱，道法者治。"上无其道，则智者有私词，贤者有私意，上有私惠，下有私欲，圣智成群，造言作辞，以非法〔措〕错[③]〔于〕其上。上不禁塞，又从而尊之，是教下不听上，不从法也。是以贤者显名而居[④]，奸人赖赏而富。贤者显名而居，奸人赖赏而富，是以上不胜下也。

---

① 常，常恒，犹言大率。
② 《本言》，古书名。
③ 错，谓乱。
④ 居，为"居士"之"居"，不仕。

六反[1]

畏死远难，降北之民也[2]，而世尊之曰“贵生之士”；学道立方，离法之民也，而世尊之曰“文学之士”；游居厚养，牟[3]食之民也，而世尊之曰“有能之士”；语曲牟知[4]，伪诈之民也，而世尊之曰“辩智之士”；行剑攻杀，暴憿[5]之民也，而世尊之曰“磏[6]勇之士”；活贼匿奸，当死之民也，而世尊之曰“任

① 谓公私名实相反者有六。

② 言畏死远难之民，用以当敌，必不耻降北之辱。

③ 牟，通“蟊”，食苗根之虫。校订者按：牟，通“蛑”，食苗根之虫，引申为求取、侵夺。

④ 牟，倍，多（与上义别）；牟知，多智。

⑤ 憿，当作“憿”；“憿”同“傲”。

⑥ 磏，lián。《说文》：“厉石也。”棱利之义。

〔誉〕侠[1]之士”。此六民者，世之所誉也。赴险殉诚，死节之民也，而世少之曰“失计之民”也；寡闻从令，全法之民也，而世少之曰“朴陋之民”也；力作而食，生利之民也，而世少之曰“寡能之民”也；嘉厚纯粹，整谷[2]之民也，而世少之曰“愚戆之民”也；重命畏事，尊上之民也，而世少之曰“怯慑之民”也；挫贼遏奸，明上[3]之民也，而世少之曰“讇[4]谗之民”也。此六者，世之所毁也。奸伪无益之民六，而世誉之如彼；耕战有益之民六，而世毁之如此。此之谓“六反”。布衣循私利而誉之，世主听虚声而礼之；礼之所在，利必加焉。百姓循私害而訾之，世主壅于俗而贱之；贱之所在，害必加焉。故名赏在乎私恶当罪之民，而毁害在乎公善宜赏之士，索国之富强，不可得也。

古者有谚曰：“为政犹沐也，虽有弃发，必为

---

① 誉，依顾广圻说改“侠”。
② 整，正。谷，善。
③ 明上，绝壅塞。
④ 讇，chǎn，古“谄”字，巴结，奉承。

之[①]。”爱弃发之费，而忘长发之利，不知权[②]者也。

夫弹痤[③]者痛，饮药者苦。为苦惫之故，不弹痤饮药，则身不活，病不已矣。

今上下之接，无父子之泽，而欲以行义禁下，则交必有郄[④]矣。且父母之于子也，产男则相贺，产女则杀[⑤]之。此俱出父母之怀衽，然男子受贺，女子杀之者，虑其后便，计之长利也。故父母之于子也，犹用计算之心以相待也，而况无父子之泽乎！今学者之说人主也，皆去求利之心，出相爱之道，是求人主之过于父母之亲也。此不熟于论思[⑥]，诈而诬也，故明主不受也。圣人之治也，审于法禁，法禁明著，则官〔法〕治[⑦]；必于赏罚，赏罚不阿，则民用。民用官〔官〕[⑧]治，则国

① 明知沐有弃发而必沐。
② 爱，惜。不得已而为，谓之“权”。
③ 痤，痈；弹痤，谓以砭石弹痈疽而出血。
④ 郄，xì，同“郤”，空隙。
⑤ 杀，shài，减，谓减其贺。
⑥ 论思，谓法术者之论谈忌虑。
⑦ 依顾广圻说改。
⑧ 依顾广圻说改。

富，国富则兵强，而霸王之业成矣。霸王者，人主之大利也；人主挟大利以听治，故其任官者当能，其赏罚无私。使士民明焉[①]，尽力致死，则功伐可立，而爵禄可致，爵禄致而富贵之业成矣。富贵者，人臣之大利也；人臣挟大利以从事，故其行危至死，其力尽而不望[②]。此谓君不仁，臣不忠，则〔不〕[③]可以霸王矣[④]。

夫奸，必知则备，必诛则止；不知则肆，不诛则行。夫陈轻货于幽隐，虽曾、史可疑也；悬百金于市，虽大盗不取也。不知，则曾、史可疑于幽隐；必知，则大盗不取悬金于市。故明主之治国也，众其守而重其罪[⑤]，使民以法禁，而不以廉止[⑥]。母之爱子也倍父，父令之行于子者十母；吏之于民

---

① 明焉，明于此。

② 望，怨。言人臣尽力从事，虽行危至死，无怨。

③ 依顾广圻说删。

④ 《外储说右篇》云："治强生于法，乱弱生于阿，君明于此，则正赏罚而非仁下也；爵禄生于功，诛罚生于罪，臣明于此，则尽死力而非忠君也。君通于不仁，臣通于不忠，则可以王矣。"与此文义可相发明。

⑤ 守众则难取，罪重则鲜犯。

⑥ 以法禁贪，而不以廉止贪。

无爱，令之行于民也万父母。父母积爱而令穷，吏用威严而民听从，严爱之策，亦可决矣。且父母之所以求于子也，动作则欲其安利也，行身则欲其远罪也；君上之于民也，有难则用其死，安平则尽其力。亲以厚爱关[①]子于安利，而不听；君以无爱利求民之死力，而令行。明主知之，故不养恩爱之心，而增威严之势。故母厚爱处，子多败，推[②]爱也；父薄爱教笞，子多善，用严也。

今家人之治产也，相忍以饥寒，相强以劳苦，虽犯军旅之难、饥馑之患，温衣美食者，必是家也[③]；相怜以衣食，相惠以佚乐，天饥岁荒，嫁妻卖子者，必是家也[④]。故法之为道，前苦而长利；仁之为道，偷乐而后穷。圣人权其轻重，出其大利[⑤]，故用法之相忍，而弃仁之相怜也。

学者之言，皆曰“轻刑”，此乱亡之术也。凡

---

① 关，预，犹言“要”。校订者按：关，处置，安排。
② 推，行。
③ 勤俭，故足用。
④ 奢惰，故无积蓄。
⑤ 权仁与法之轻重利害。

赏罚之必者，劝禁也。赏厚，则所欲之得也疾；罚重，则所恶之禁也急。夫欲利者必恶害，害者，利之反也，反于所欲，焉得无恶！欲治者必恶乱，乱者，治之反也，是故欲治甚者，其赏必厚矣，〔其〕恶乱甚者，其罚必重矣。今取于轻刑者，其恶乱不甚也，其欲治又不甚也；此非特无术也，又乃无行[①]。是故决贤、不肖、愚、知之〔美〕策[②]，在赏罚之轻重[③]。

且夫重刑者，非为罪人也，明主之法揆[④]也。〔治〕蔡贼，非治所〔揆〕蔡也，所〔揆〕蔡也者，是治死人也[⑤]；刑盗，非治所刑也，治所刑也者，是治胥靡[⑥]也。故曰：重一奸之罪，而止境内之邪，此所以为治也。重罚者盗贼也，而悼惧者[⑦]良民也，

---

① 无行，不行。
② 依俞樾说改。
③ 赏罚重，则贤、智者进，愚、不肖者退；赏罚轻，则愚、不肖者偷幸，贤、智者退。
④ 揆，度，如《孟子·离娄上》云：“上无道揆也，下无法守也。”
⑤ 三字据俞樾说改。蔡，谓杀。杀一贼所以儆天下之为贼者，非为恶一贼而杀也。
⑥ 胥靡，刑徒之人。
⑦ 惮惧者，王先慎《韩非子集解》作“悼惧者”。——校订者注

欲治者奚疑于重刑？若夫厚赏者，非独赏功也，又劝一国[①]。受赏者甘利，未赏者慕业，是报一人之功，而劝境内之众也，欲治者何疑于厚赏？

今不知治者皆曰："重刑伤民，轻刑可以止奸，何必于重哉？"此不察于治者也。夫以重止者，未必以轻止也；以轻止者，必以重止矣[②]。是以上设重刑而奸尽止，奸尽止，则此奚伤于民也[③]？所谓重刑者，奸之所利者细，而上之所加焉者大也；民不以小利蒙大罪，故奸必止者也。所谓轻刑者，奸之所利者大，上之所加焉者小也；民慕其利而傲其罪[④]，故奸不止也。故先圣有谚曰："不踬[⑤]于山，而踬于垤。"山者大，故人顺[⑥]之；垤微小，故人易之也。今轻刑罚，民必易之。犯而不诛，是驱国[⑦]而

---

① 谓非独爱一人而赏其功，将劝一国之人。

② 谓奸民有必待重法而禁者，轻刑必不畏；若轻刑即可禁者，则重刑必更有效矣。

③ 谓能止奸，则重刑无伤。

④ 傲其罪，谓轻易其刑。

⑤ 踬，zhì，倾跌。

⑥ 顺，通"慎"。

⑦ 国，谓全国。

弃之也；犯而诛之，是为民设陷[①]也。是故轻罪者，民之垤也。是以轻罪之为〔民〕[②]道也，非乱国也，则设民陷也[③]，此则可谓伤民矣。

今学者皆道书策之颂语[④]，不察当世之实事，曰："上不爱民，赋敛常重，则用不足而下〔恐〕怨[⑤]上，故天下大乱。"此以为足其财用以加爱焉，虽轻刑罚可以治也。此言不然矣[⑥]。凡人之取重〔赏〕刑[⑦]罚，固已足之之后也[⑧]。虽财用足而厚爱之，然而轻刑，犹之乱也。夫富家之爱子，财货足用。财货足用则轻用，轻用则侈泰；亲爱之则不忍，不忍则骄恣。侈泰则家贫，骄恣则行暴，此虽财用足而爱厚，轻刑之患也。凡人之生也，财用足则隳[⑨]于用力，上治懦则肆于为非。财用足而力作

① 陷，陷阱。
② 依王先慎说删。
③ 言轻罪之道，非乱国，即为民设阱。
④ 颂语，犹美语。
⑤ 依卢文弨说改。
⑥ 韩子以学者此言为不当。
⑦ 依王渭说改。
⑧ 言富人犹或犯刑者。
⑨ 隳，通"惰"。

者，神农也；上治懦而行修者，曾、史也。夫民之不及神农、曾、史，亦已明矣。

老聃有言曰："知足不辱，知止不殆。"夫以殆辱之故，而不求于足之外者，老聃也；今以为足民而可以治，是以民为皆如老聃也。故桀贵在天子，而不足于尊；富有四海之内，而不足于宝。君人者，虽足民，不能足使为天子，而桀未必以天子为足也；则虽足民，何可以为治也？故明主之治国也，适其时事以致财物，论其税赋以均贫富[1]，厚其爵禄以尽贤能，重其刑罚以禁奸邪，使民以力得富，以事致贵，以过受罪，以功致赏，而不念慈惠之赐[2]，此帝王之政也。

人皆寐，则盲者不知；皆嘿，则喑者不知[3]。觉而使之视，问而使之对，则喑、盲者穷矣。不听其言也，则无术者不知；不任其身也，则不肖者不知。听其言而求其当，任其身而责其功，则无术、

---

① 均贫富，谓使无太贫太富。

② 谓不冀无功而得赏。

③ 嘿，mò，同"默"。不知，不可知。谓盲、喑混于寐、嘿之中，人莫能辨。

不肖者穷矣。夫欲得力士而听其自言，虽庸人与乌获不可别也；授之以鼎俎，则罢健效矣[①]。故官职者，能士之鼎俎也，任之以事而愚智分矣。故无术者，得于不用；不肖者，得于不任[②]。言不用，而自文以为辩；身不任，而自饰以为高。世主眩其辩，滥其高而尊贵之[③]，是不须视而定明也，不待对而定辩也，喑、盲者不得矣[④]。明主听其言，必责其用，观其行，必求其功，然则虚旧[⑤]之学不谈，矜诬之行不饰矣。

---

① 罢，pí，疲。健，有力。效，验。

② 得，得知其实。谓因言之无用，而人君得知其无术；因事之不能任，而人君得知其不肖。

③ 眩，惑。滥，失实。

④ 谓如此，则不能得喑、盲之实矣。

⑤ 旧，一作“夸”，又作“奋”。

八说

为故人行私，谓之不弃[①]；以公财分施，谓之仁人；轻禄重身，谓之君子；枉法曲[②]亲，谓之有行；弃官宠[③]交，谓之有侠；离世遁上，调之高傲；交争逆令，谓之刚材；行惠取众，谓之得民。不弃者，吏有奸也；仁人者，公财损也；君子者，民难使也；有行者，法制毁也；有侠者，官职旷也；高傲者，民不事[④]也；刚材者，令不行也；得民者，君上孤也。此八者，匹夫之私誉、人主之大败也；反此八者，匹夫之私毁、人主之公利也。人主不察

---

① 不弃，谓不遗故旧。
② 曲，犹“阿”。
③ 宠，争。
④ 事，犹“任”。言不任其事。

社稷之利害，而用匹夫之私誉，索国之无危乱，不可得矣。

任人以事，存亡治乱之机[①]也。无术以任人，无所任而不败。人君之所任，非辩智，则修洁也。任人者，使有势也[②]。智士者，未必信也；为多其智，因惑其信也[③]。以智士之计，处乘势之资，而为其私急，则君必欺焉。为智者之不可信也；故任修士者，使断事也。修士者未必智，为洁其身，因惑其智[④]。以愚人之所惛，处治事之官，而为其所然[⑤]，则事必乱矣。故无术以用人，任智则君欺，任修则事乱，此无术之患也。明君之道，贱德义，贵法术，倒言而诡使[⑥]。听无门户，故智者不得诈欺。计功而行赏，程能而授事，察端而观失，有过者罪，有能者得，故愚者不得任事。智者不敢欺，愚者不

① 机，发动所由。

② 谓任人，则必使其人有势可凭借。

③ 谓智士虽未必信，然以智多，故能使人信其诞妄。

④ 修士虽未必智，然以洁身，故能使人误以为智。

⑤ 愚人然其所不然。

⑥ 倒言，毁所可誉，誉所可毁。诡使，近而示之远，远而示之近，反其所使。

得断，则事无失矣。

察士然后能知之，不可以为令，夫民不尽察；贤者然后能行之，不可以为法，夫民不尽贤。杨朱、墨翟，天下之所察也[①]，千世乱[②]而卒不决，虽察而不可以为官职之令[③]。鲍焦、华角，天下之所贤也；鲍焦木枯[④]，华角赴河，虽贤不可以为耕战之士。故人主之所察，智士尽其辩焉；人主之所尊，能士尽其行焉。今世主察无用之辩，尊远功之行，索国之富强，不可得也。

博习辩智如孔、墨，孔、墨不耕耨，则国何得焉？修孝寡欲如曾、史，曾、史不战攻，则国何利焉？匹夫有私便，人主有公利。不作而养足，不仕而名显，此私便也；息文学而明法度，塞私便而一功劳，此公利也。错法以道民也[⑤]，而又贵文学，则民之师法也疑；赏功以劝民也，而又尊行修，则

① 天下以为明察之士。

② 杨、墨，千世难得之才也；以千世难得之才，欲治平常之事，则庶官旷矣。是千世乱也。

③ 令，吏。

④ 立死若木之枯。

⑤ 错，置。

民之产利也惰。夫贵文学以疑法，尊行修以贰[1]功，索国之富强，不可得也。

搢笏干戚，不适有方铁铦；登降周旋，不逮日中奏百[2]；狸首射侯，不当强弩趋发[3]；干城距冲，不若堙穴伏橐[4]。古人亟于德，中世逐于智，当今争于力。古者寡事而备简，朴陋而不尽，故有珧铫而推车者[5]。古者人寡而相亲，物多而轻利易让，故有揖让而传天下者。然则行揖让，高慈惠，而道仁厚，皆推政[6]也。处多事之时，用寡事之器，非智者之备也；当大争之世，而循揖让之轨，非圣人之治

---

① 贰，犹“疑”。

② 搢，jìn。插；笏，大圭。干，楯；戚，钺；干戚，舞者所执。适，通“敌”。有方，当为酋矛。铦，錍。登降周旋，古代以礼取士之法。奏，走；日中奏百，自旦至日中走百里，为战国选武士之法。此言古代之文教，不及当时之武备。

③ 狸首射侯，古之射礼。《周礼·春官·乐师》云：“王以驺虞为节，诸侯以狸首为节。”《仪礼·乡射礼》云：“天子熊侯白质；诸侯麋侯赤质；大夫布侯，画以虎豹；士布侯，画以鹿豕。”趋，通“驺”，谓矢之善者；趋发，发驺矢以射。

④ 干，盾；距冲，攻城之车。皆文王攻守之具。堙，土山；穴，凿穴作地道而攻城；伏橐，在地道中熏毒火者。皆战国时攻守之具。

⑤ 珧铫，yáoyáo，即蜃车，柩车。推车，当作“椎车”，古代无饰之车。

⑥ 推政，当作“椎政”，谓上古质朴之政。

也。故智者不乘推车，圣人不行推政也。

法所以制事，事所以名功也。法立而有难，权其难而事成则立之；事成而有害，权其害而功多则为之。无难之法，无害之功，天下无有也①。是以拔千丈之都，败十万之众，死伤者军之〔乘〕垂②；甲兵折挫，士卒死伤，而贺战胜得地者，出其小害，计其大利也。夫沐者有弃发，除者伤血肉③；为④人见其难，因释其业，是无术之事也。先圣有言曰："规有摩而水有波，我欲更之，无奈之何。"此通权之言也⑤。是以说有必立而旷于实者，言有辞拙而急于用者。故圣人不求无害之言，而务无易之事。

人之不事衡石者，非贞廉而远利也⑥。石不能为人多少，衡不能为人轻重，求索不能得，故人不事

---

① 天下无不难之法，无不害之功，但权事之成否、功之多寡耳。

② 乘，依王先慎说改"垂"；垂，三分之一。

③ 除，愈。欲病愈者，攻以药石；药石所达，血肉必伤。

④ 为，犹"若"。

⑤ 规，正圆之器。摩，通"磨"，用久而磨灭。谓规者所以正圆，水者所以取平，而有磨与波，则不能正圆取平，宜改易之，又何拘焉。此喻先王之法虽善良，而历年久远，有不适时，宜更易之矣。

⑥ 事，犹"关"；石，谓权。

也。明主之国，官不敢枉法，吏不敢为私，货赂不行，是境内之事尽如衡石也。此其臣有奸者必知，知者必诛；是以有道之主，不求清洁之吏，而务必知之术也。

慈母之于弱子也，爱不可为前[①]。然而弱子有僻行，使之随师；有恶病，使之事医。不随师则陷于刑，不事医则疑于死。慈母虽爱，无益于振刑救死。则存子者，非爱也。子母之性，爱也；臣主之权，策[②]也。母不能以爱存家，君安能以爱持国？

明主者，通于富强，则可以得欲矣。故谨于听治，富强之法也。明其法禁，察其谋计。法明，则内无变乱之患；计得，则外无死虏之祸。故存国者，非仁义也。

仁者，慈惠而轻财者也；暴者，心毅而易诛者也。慈惠，则不忍；轻财，则好与；心毅，则憎心见于下；易诛，则妄杀加于人。不忍，则罚多宥赦；好与，则赏多无功；憎心见，则下怨其上；妄

① 不可为前，犹言“莫过之”。
② 策，数，计算。

诛，则民将背叛。故仁人在位，下肆而轻犯禁法，偷幸而望于上；暴人在位，则法令妄而臣主乖，民怨而乱心生。故曰：仁暴者，皆亡国者也。

不能具美食而劝饿人饭，不为能活饿者也；不能辟草生粟而劝贷施赏赐，不为能富民者也。今学者之言也，不务本作，而好末事[①]，道虚圣以说民，此劝饭之说；劝饭之说，明主不受也。

书约而弟子辩，法省而民讼〔简〕萌[②]；是以圣人之书必著[③]论，明主之法必详事。尽思虑，揣得失，智者之所难也；无思无虑，挈前言而责后功，愚者之所易也。明主虑愚者之所易，以责智者之所难，故智虑不用而国治也。

酸甘咸淡，不以口断，而决于宰尹[④]，则厨人轻君而重于宰尹矣；上下清浊，不以耳断，而决于乐正[⑤]，则瞽工轻君而重于乐正矣；治国是非，不以术

---

① 本作，农织等有用者；末事，商贾等古人以为“无用”者。

② 简，依顾广圻说改“萌”。讼，犹“辩”。

③ 著，明，详。

④ 宰尹，厨人长。

⑤ 乐正，瞽工长。

断，而决于宠人，则臣下轻君而重于宠人矣。人主不亲观听，而制断在下，托食于国者也。

使人不衣不食，而不饥不寒，又不恶死，则无事上之意；意欲不宰[①]于君，则不可使也。今生杀之柄在大臣，而主令得行者，未尝有也。虎豹必不用其爪牙，而与鼷鼠同威；万金之家必不用其富厚，而[②]与监门同资。有土之君，说人不能利，恶人不能害，索人欲畏重己，不可得也。

人臣肆意陈欲，曰侠[③]；人主肆意陈欲，曰乱。人臣轻上，曰骄[④]；人主轻下，曰暴。行理同实，下以受誉，上以得非；人臣大得，人主大亡。明主之国，有贵臣，无重臣。贵臣者，爵尊而官大者也；重臣者，言听而力多者也。明主之国，迁官袭级，官爵〔受〕授功，故有贵臣；言不度行而有伪，必诛，故无重臣也。

---

① 宰，制。

② 而，犹“则”；“而”“则”古通用。见《经传释词》。

③ 为人臣跋扈，当时誉之曰侠。

④ 骄，通“矫”，壮，强。

五蠹[1]

上古之世，人民少而禽兽众，人民不胜禽兽虫蛇。有圣人作，构木为巢，以避群害，而民悦之，使王天下，号之曰“有巢氏”。民食果、蓏、蜯、蛤[2]，腥臊恶臭，而伤害腹胃，民多疾病。有圣人作，钻燧取火，以化腥臊，而民说之，使王天下，号之曰“燧人氏”。中古之世，天下大水，而鲧、禹决渎；近古之世，桀、纣暴乱，而汤、武征伐。今有构木钻燧于夏后氏之世者，必为鲧、禹笑矣；有决渎于殷、周之世者，必为汤、武笑矣。然

① 蠹，《说文》云：“木中虫。”有生于国而害于国者五焉，故以是虫为喻。

② 木实曰“果”，草实曰“蓏”。蓏，luǒ。蜯，同“蚌”，蜃属。蛤，似蚌而圆。

则今有美尧、舜、禹、汤、武之道于当今之世者，必为新圣笑矣。是以圣人不期修古[①]，不法常可，论世之事，因为之备。宋人有耕者，田中有株[②]，兔走触株，折颈而死，因释其耒而守株，冀复得兔，兔不可复得，而身为宋国笑。今欲以先王之政，治当世之民，皆守株之类也。

古者丈夫不耕，草木之实足食也；妇人不织，禽兽之皮足衣也。不事力而养足，人民少而财有余，故民不争。是以厚赏不行，重罚不用，而民自治。今人有五子不为多，子又有五子，大父未死而有二十五孙。是以人民众而货财寡，事力劳而供养薄；故民争，虽倍赏累罚而不免于乱。

尧之王天下也，茅茨不翦，采椽不斫[③]；粝粢之食，藜藿之羹[④]；冬日麑裘，夏日葛衣。虽监门之服养，不亏于此矣[⑤]。禹之王天下也，身执耒臿[⑥]，以为

① 修古，上古；不期修古，谓在扶世急。
② 株，断木。
③ 屋盖曰“茨”；茅茨，茅覆屋。采椽，木名，即今之栎木。
④ 粝，粗米；粢，穈。藜，似蓬；藿，豆叶。
⑤ 监门，司门人。亏，少。
⑥ 臿，锹。

民先；股无胈[①]，胫不生毛。虽臣虏之劳，不苦于此矣。以是言之，夫古之让天子者，是去监门之养而离臣虏之劳也，古传天下而不足多也。今之县令，一日身死，子孙累世絜[②]驾，故人重之。是以人之于让也，轻辞古之天子，难去今之县令者，薄厚之实异也。夫山居而谷汲者，膢腊而相遗以水[③]；泽居苦水者，买庸而决窦[④]。故饥岁之春，幼弟不饷[⑤]；穰岁之秋，疏客必食。非疏骨肉，爱过客也，多少之实异也。是以古之易财，非仁也，财多也；今之争夺，非鄙也，财寡也。轻辞天子，非高也，势薄也；重争士橐，非下也，权重也。故圣人议多少，论薄厚为之政。故罚薄不为慈，诛严不为戾，称俗而行也。

故事因于世，而备适于事。古者文王处丰、镐

---

① 胈，一作“肢”，股上白肉。

② 絜，犹言系。《国语·齐语》：“桓公与之系马三百。”注：“系马，良马在闲，非放牧者也。”

③ 谷水难得，故节以相遗。膢，楚俗以二月祭饮食；腊，冬至后三戌，腊祭百神。

④ 庸，通“佣”。窦，水道。泽居，水道易湮塞，故买佣人通利之。

⑤ 至春则农之所蓄将尽矣，虽弟可爱，犹不饷之。以食食人曰“饷”。

之间，地方百里，行仁义而怀西戎，遂王天下。徐偃王处汉东，地方五百里，行仁义，割地而朝者，三十有六国；荆文王恐其害己也，举兵伐徐，遂灭之。故文王行仁义而王天下，偃王行仁义而丧其国，是仁义用于古，而不用于今也。故曰："世异则事异。"当舜之时，有苗不服，禹将伐之，舜曰："不可！上德不厚而行武，非道也。"乃修教三年，执干戚舞，有苗乃服。共工之战，铁铦距者及乎敌[①]，铠甲不坚者伤乎体。是干戚用于古，不用于今也。故曰：事异则备变。上古竞于道德，中世逐于智谋，当今争于气力。齐将攻鲁，鲁使子贡说之。齐人曰："子言非不辩也；吾所欲者，土地也，非斯言所谓也。"遂举兵伐鲁，去门十里以为界。故偃王仁义而徐亡，子贡辩智而鲁削。以是言之，夫仁义辩智，非所以持国也。去偃王之仁，息子贡之智，循徐、鲁之力，使敌万乘，则齐、荆之欲，不得行于二国矣。

夫古今异俗，新故异备。如欲以宽缓之政，治

① 距，跃。言投铁铦而跳跃者，则其铦及于敌。

急世之民，犹无辔策而御駻马[①]，此不知之患也。今儒、墨皆称："先王兼爱天下，则民视如父母。"何以明其然也？曰："司寇行刑，君为之不举乐，闻死刑之报，君为流涕。"此所举先王也[②]。夫以君臣为如父子则必治，推是言之，是无乱父子也[③]。人之情性，莫先于父母，父母皆见爱而未必治也；君虽厚爱，奚遽不乱？今先王之爱民，不能过父母之爱子[④]，子未必不乱也，则民奚遽治哉？且夫以法行刑，而君为之流涕，此以效仁，非以为治也。夫垂泣不欲刑者，仁也；然而不可不刑者，法也。先王胜其法，不听其泣[⑤]，则仁之不可以为治，亦明矣。

且民者固服于势，寡能怀于义。仲尼，天下圣人也，修行明道，以游海内，海内说其仁，美其义，而为服役者七十人[⑥]。盖贵仁者寡，能义者难

① 駻马，不驯之马。

② 谓此即儒、墨所举称先王之事。

③ 学者所谓如父子者，是慈父孝子，室家和睦，而无乖乱者；如学者之论，推广言之，则是以为天下无乖乱之父子。

④ 王先慎《韩非子集解》此句无"能"字。——校订者注

⑤ 胜，任。听，从。

⑥ 遍天下仅得七十人，言其寡。

也。故以天下之大，而为服役者七十人，而仁义者一人[1]。鲁哀公，下主也，南面君国，境内之民，莫敢不臣。民者固服于势，势诚易以服人，故仲尼反为臣，而哀公顾为君。仲尼非怀其义，服其势也。故以义，则仲尼不服于哀公；乘势，则哀公臣仲尼。今学者之说人主也，不乘必胜之势，而曰“务行仁义，则可以王”，是求人主之必及仲尼，而以世之凡民皆如列徒[2]，此必不得之数也。

今有不才之子，父母怒之弗为改，乡人谯之弗为动，师长教之弗为变。夫以父母之爱、乡人之行、师长之智，三美加焉而终不动，其胫毛不改；州部之吏，操官兵，推公法，而求索奸人，然后恐惧，变其节，易其行矣。故父母之爱，不足以教子，必待州部之严刑者，民固骄于爱，听于威矣。故十仞之城，楼季弗能逾者，峭也；千仞之山，跛牂[3]易牧者，夷也。故明主峭其法而严其刑也。布

① 一人，谓仲尼。
② 列徒，谓七十弟子。
③ 牂，zāng，牝羊。

帛寻常[①]，庸人不释；铄金百镒，盗跖不掇。不必害，则不释寻常；必害手，则不掇百镒。故明主必其诛也。是以赏莫如厚而信，使民利之；罚莫如重而必，使民畏之；法莫如一而固，使民知之。故主施赏不迁，行诛无赦。誉辅其赏，毁随其罚，则贤不肖俱尽其力矣。

今则不然，以[②]其有功也爵之，而卑其士官也；以其耕作也赏之，而少其家业也；以其不收[③]也外之，而高其轻世也；以其犯禁也罪之，而多其有勇也。毁誉赏罚之所加者，相与悖缪也，故法禁坏而民愈乱。今兄弟被侵必攻者，廉也[④]；知友被辱随仇[⑤]者，贞也。廉贞之行成，而君上之法犯矣。人主尊贞廉之行，而忘犯禁之罪，故民程于勇，而吏不能胜也[⑥]。不事力而衣食，则谓之能；不战功而尊，则谓之贤。贤能之行成，而兵弱而地荒矣。人

① 八尺曰“寻”，倍寻曰“常”。
② 以，依卢文弨说增。
③ 收，谓赋敛。
④ 世谓之有廉隅之人。
⑤ 随仇，雪知友之仇。
⑥ 胜，制。程，犹“量”。

主说贤能之行，而忘兵弱地荒之祸，则私行立而公利灭矣。

儒以文乱法，侠以武犯禁，而人主兼礼之，此所以乱也。夫离法者罪，而诸先生以文学取；犯禁者诛，而群侠以私剑养。故法之所非，君之所取；吏之所诛，上之所养也。法、趣、上、下，四相反[1]也，而无所定，虽有十黄帝，不能治也。故行仁义者非所誉，誉之则害功；工文学者非所用，用之则乱法。楚之有直躬[2]，其父窃羊而谒之吏。令尹曰："杀之！"——以为直于君而曲于父，报而罪之。以是观之，夫君之直臣，父之暴子也。鲁人[3]从君战，三战三北[4]。仲尼问其故，对曰："吾有老父，身死，莫之养也。"仲尼以为孝，举而上之。以是观之，夫父之孝子，君之背臣也。故令尹诛而楚奸不上闻，仲尼赏而鲁民易降北，上下之利若是

① 趣，当作"取"。法，谓法之所非；取，谓君之所取；上，谓上之所养；下，谓吏之所诛。四者相反。

② 直躬，诨名，谓楚国有诨名"直躬"者。

③ 鲁人，指卞庄子。

④ 军败走曰"北"。

其异也。而人主兼举匹夫之行，而求致社稷之福，必不几矣。

古者苍颉之作书也，自环者谓之“私”，背私谓之“公”[①]。公私之相背也，乃苍颉固以知之矣；今以为同利者，不察之患也。然则为匹夫计者，莫如修仁义而习文学。仁义修则见信，见信则受事[②]；文学习则为明师，为明师则显荣。此匹夫之美也。然则无功而受事，无爵而显荣，有政如此，则国必乱，主必危矣。故不相容之事，不两立也。斩敌者受赏，而高慈惠之行；拔城者受爵禄，而信廉爱之说[③]；坚甲厉兵以备难，而美荐绅[④]之饰；富国以农，距[⑤]敌恃卒，而贵文学之士；废敬上畏法之民，而养游侠私剑之属。举行如此，治强不可得也。国平

---

① 《说文》引作“自营为厶”，“营”“环”本通用；私，当作“厶”，下同。《说文》又云：“公，……从八从厶；八，犹背也。”

② 见信，谓为上所信。受事，谓被任用。

③ 廉，当作“兼”。慈惠之行，谓儒，《管子·形势解》云：“惠者，主之高行也；慈者，父母之高行也。”兼爱之说，谓墨。

④ 荐，通“缙”；缙绅，儒服。校订者按：荐，通“搢”，插；搢绅，插笏于腰带，旧时官宦装束。

⑤ 距，通“拒”。

养儒侠，难至用介[1]士；所利非所用，所用非所利。是故服事者简[2]其业，而游学者日众，是世之所以乱也。

且世之所谓贤者，贞信之行也；所谓智者，微妙之言也。微妙之言，上智之所难知也；今为众人法，而以上智之所难知，则民无从识之矣。故糟糠不饱者，不务粱肉；短褐不完者，不待文绣。夫治世之事，急者不得，则缓者非所务也。今所治之政，民间之事，夫妇[3]所明知者不用，而慕上知之论，则其于治反矣。故微妙之言，非民务也。若夫贤贞信之行者，必将贵不欺之士；贵不欺之士者，亦无不欺之术也[4]。布衣相与交，无富厚以相利，无威势以相惧也，故求不欺之士。今人主处制人之势，有一国之厚，重赏严诛，得操其柄，以修明术之所烛，虽有田常、子罕之臣，不敢欺也，奚待于不欺之士？今贞信之士，不盈于十，而境内之官以

① 介，甲。

② 简，谓简慢而不知勉。

③ 夫妇，愚夫蠢妇。《礼记·中庸》云：“夫妇之愚，可以与知焉。”

④ “不”，下当有“可”字。

百数。必任贞信之士，则人不足官；人不足官，则治者寡而乱者众矣。故明主之道，一法而不求智，固术而不慕信，故法不败而群官无奸诈矣。今人主之于言也，说[1]其辩而不求其当焉；其用于行也，美其声而不责其功焉。是以天下之众，其谈言者，务为辩而不周[2]于用。故举先王，言仁义者盈廷，而政不免于乱；行身者竞于为高，而不合于功。故智士退处岩穴，归禄不受，而兵不免于弱，政不免于乱。此其故何也？民之所誉，上之所礼，乱国之术也。

今境内之民皆言治，藏商、管之法[3]者家有之，而国愈贫，言耕者众，执耒者寡也；境内皆言兵，藏孙、吴之书[4]者家有之，而兵愈弱，言战者多，被甲者少也。故明主用其力，不听其言；赏其功，必禁无用。故民尽死力以从其上。夫耕之用力也劳，而民为之者，曰"可得以富也"；战之为

① 说，后作"悦"。

② 周，切。

③ 法，法令书。《商子》二十六篇，《管子》八十六篇。

④ 《孙子》十三篇，《吴子》六篇。

事也危，而民为之者，曰“可得以贵也”。今修文学，习言谈，则无耕之劳而有富之实，无战之危而有贵之尊，则人孰不为也？是以百人事智，而一人用力。事智者众，则法败；用力者寡，则国贫。此世之所以乱也。故明主之国，无书简之文，以法为教；无先王之语，以吏为师；无私剑之捍，以斩首为[①]勇。是以境内之民，其言谈者必轨于法，动作者归之于功，为勇者尽之于军。是故无事则国富，有事则兵强，此之谓王资[②]。既畜王资而承敌国之亹[③]，超五帝、侔[④]三王者，必此法也。

今则不然，士民纵恣于内，言谈者为势于外；外内称恶，以待强敌，不亦殆乎？故群臣之言外事者，非有分于从衡之党，则有仇雠之患，而借力于国也[⑤]。“从”者，合众弱以攻一强也；而“衡”者，事一强以攻众弱也。皆非所以持国也。今人臣之

---

① 捍，通“悍”。斩首，谓斩敌首。
② 王天下之资。
③ 亹，同“衅”，隙罅。
④ 侔，齐。
⑤ 群臣之言外事者，或党于合纵，或党于连衡，各有其分；若非然，则为报己仇雠之故而借国之力。

言衡者，皆曰："不事大，则遇敌受祸矣。"事大〔未〕必有实，则举图而委，效玺而请〔兵〕矣[①]。献图则地削，效玺则名卑；地削则国削，名卑则政乱矣。事大为"衡"，未见其利也，而亡地乱政矣。人臣之言从者，皆曰："不救小而伐大则失天下，失天下则国危，国危而主卑。"救小〔未〕[②]必有实，则起兵而敌大矣。救小未必能存，而〔交〕敌[③]大未必不有疏，有疏则为强国制矣。出兵则军败，退守则城拔；救小为"从"，未见其利，而亡地败军矣。

是故事强，则以外权市官于内，救小则以内重求利于外。国利未立，封土厚禄至矣；主上虽卑，人臣尊矣；国地虽削，私家富矣。事成则以权长重，事败则以富退处。人主之听说于其臣，事未成则爵禄已尊矣。事败而弗诛，则游说之士，孰不为

① 未、兵，皆依俞樾说删。举图而委，谓举地图而委之大国；效玺而请，谓收百官之玺，效之大国，而请大国发之。

② 依俞樾说删。

③ 交，依王渭说改"敌"。

用矰缴之说[①]，而徼幸其后？故破国亡主，以听言谈者之浮说。此其故何也？是人君不明乎公私之利，不察当否之言，而诛罚不必其后也。

皆曰："外事，大可以王，小可以安[②]。"夫王者能攻人者也，而安则不可攻也；强则能攻人者也，治则不可攻也。治强不可责于外，内政之有也[③]。今不行法术于内，而事智于外，则不至于治强矣。鄙谚曰："长袖善舞，多钱善贾。"此言多资之易为工也。故治强易为谋，弱乱难为计。故用于秦者，十变而谋希失；用于燕者，一变而计希得。非用于秦者必智，用于燕者必愚也，盖治乱之资异也。故周去秦为从，期年而举；卫离魏为衡，半岁而亡。是周灭于从，卫亡于衡也。使周、卫缓其从衡之计，而严其境内之治，明其法禁，必其赏罚，尽其地力，以多其积，致其民死，以坚其城守，天

---

① 矰缴，所以取鸟者；以生丝系矢而射，流而取之。矰缴之说，谓以浮辞射利。

② 从衡者皆不务内修其政，而徒事外事，曰："如是，则大国可以王，小国可以安。"

③ 治强之术，非能求之于外，而在于内政修明。

下得其地则其利少，攻其国则其伤大，万乘之国莫敢自顿于坚城之下而使强敌裁其弊也[①]，此必不亡之术也。舍必不亡之术而道必灭之事，治国者之过也。智困于内而政乱于外，则亡不可振也。

民之〔政〕自[②]计，皆就安利，皆辟危穷。今为之攻战，进则死于敌，退则死于诛，则危矣；弃私家之事，而必汗马之劳，家困而上弗论，则穷矣。穷危之所在也，民安得勿避？故事私门而完解舍[③]。解舍完则远战，远战则安；行货赂而袭[④]当涂者则求得，求得则〔私安私〕利。安〔则〕[⑤]利之所在，安得勿就？是以公民少而私人众矣。

夫明王治国之政，使其商工游食之民少，而名卑以寡[⑥]，趣本务而〔趋〕外[⑦]末作。今世近习之请行，则官爵可买，官爵可买，则商工不卑也矣。奸

① 顿，坏。谓恐兵败于坚城之下，强敌乘其弊而攻之。
② 依王先慎说改。
③ 解舍，谓免徭役。即谋自托于私门，以免国家之徭役。
④ 袭，因。
⑤ 依俞樾说改。
⑥ 务使商工游食之民减少；有者，亦卑其名而穷弱之。
⑦ 依卢文弨说改。

财货贾得用于市，则商人不少矣。聚敛倍农，而致尊过耕战之士，则耿介之士寡，而高价之民多矣。是故乱国之俗，其学者，则称先王之道，以籍仁义，盛容服而饰辩说，以疑当世之法，而贰人主之心；其言古者，为设诈称，借于外力，以成其私，而遗社稷之利；其带剑者，聚徒属，立节操，以显其名，而犯五官[①]之禁；其患御者，积于私门，尽货赂，而用重人之谒，退汗马之劳；其商工之民，修治苦窳之器，聚弗靡之财，蓄积待时，而侔[②]农夫之利。此五者，邦之蠹也。人主不除此五蠹之民，不养耿介之士，则海内虽有破亡之国、削灭之朝，亦勿怪[③]矣。

---

① 五官，谓司徒、司马、司空、司士、司寇。
② 侔，通“牟”，贪取。
③ 勿怪，不足怪。

显学

世之显学，儒、墨也。儒之所至，孔丘也；墨之所至，墨翟也。自孔子之死也，有子张之儒[①]，有子思之儒[②]，有颜氏之儒，有孟氏之儒[③]，有漆雕氏之儒[④]，有仲良氏之儒[⑤]，有孙氏之儒[⑥]，有乐正氏之儒[⑦]；

---

① 《荀子·非十二子篇》云："弟佗其冠，神禫其辞，禹行而舜趋，是子张氏之贱儒也。"

② 《汉书·艺文志》有《子思》二十三篇。

③ 即孟轲氏。

④ 《汉书·艺文志》有《漆雕子》十三篇。

⑤ 良，一作"梁"。仲良氏，名怀，鲁人。陶渊明《群辅录·八儒篇》云："仲梁氏传《乐》为道，以和阴阳，为移风易俗之儒。"

⑥ 《玉海》引《韩子》"孙"上有"公"字。《群辅录·八儒篇》云："公孙氏传《易》为道，为洁净精微之儒。"《汉书·艺文志》有《公孙尼子》二十八篇。

⑦ 乐正氏，曾子弟子，名子春。

自墨子之死也，有相里氏[①]之墨，有相夫氏之墨[②]，有邓陵氏之墨。故孔、墨之后，儒分为八，墨离为三[③]，取舍相反不同，而皆自谓真孔、墨；孔、墨不可复生，将谁使定后世之学乎？孔子、墨子俱道尧、舜，而取舍不同，皆自谓真尧、舜；尧、舜不复生，将谁使定儒、墨之诚乎？殷、周七百余岁，虞、夏二千余岁，而不能定儒、墨之真；今乃欲审尧、舜之道于三千岁之前，意者其不可必乎！无参验而必之者，愚也；弗能必而据之者，诬也。故明据先王，必定尧、舜者，非愚则诬也。愚诬之学、杂反之行，明主弗受也。

墨者之葬也，冬日冬服，夏日夏服，桐棺三寸，服丧三日，世主以为俭而礼之；儒者破家而葬，服丧三年，大毁扶杖，世主以为孝而礼之。夫是墨子之俭，将非孔子之侈也；是孔子之孝，将非墨子之戾也。今孝、戾、侈、俭，俱在儒、墨，而

① 《庄子·天下》有相里勤。

② 《意林》“夫”作“芬”。山仲质云：“相夫，一作‘祖夫’。”《元和姓纂》卷十云：“《韩子》云伯夫氏，墨家流也。”

③ 见《庄子·天下》。

上兼礼之。漆雕之议，不色挠，不目逃[1]，行曲则违于臧获，行直则怒于诸侯[2]，世主以为廉而礼之。宋荣子[3]之议，设不斗争，取不随仇，不羞囹圄，见侮不辱[4]，世主以为宽而礼之。夫是漆雕之廉，将非宋荣之恕也；是宋荣之宽，将非漆雕之暴也。今宽、廉、恕、暴，俱在二子，人主兼而礼之。自愚诬之学、杂反之辞争，而人主俱听之；故海内之士，言无定术，行无常议。夫冰炭不同器而久[5]，寒暑不兼时而至，杂反之学，不两立而治；今兼听杂学谬行同异之辞，安得无乱乎！听行如此，其于治人，又必然矣。

今世之学士语治者，多曰："与贫穷地，以实无资。"今夫与人相若也，无丰年旁入之利，而独以完给[6]者，非力则俭也；与人相若也，无饥馑疾

---

① 挠，屈。逃，避。

② 己行而邪曲，则虽所对为奴婢，亦逃去。二语即《孟子·公孙丑上》"自反而不缩，虽褐宽博，吾不惴焉；自反而缩，虽千万人，吾往矣"意。

③ 即宋钘，《汉书·艺文志》有《宋子》十八篇。

④ 《荀子·正论篇》云："子宋子曰：'明见侮之不辱，使人不斗。'"

⑤ 久，一作"处"。

⑥ 完给，富足。

疢[1]祸罪之殃，独以贫穷者，非侈则惰也。侈而惰者贫，而力而俭者富。今上征敛于富人，以布施于贫家，是夺力俭而与侈惰也；而欲索民之疾作而节用，不可得也。

今有人于此，义不入危城，不处军旅，不以天下大利，易其胫一毛；世主必从而礼之，贵其智而高其行，以为轻物重生之士也。夫上所以陈良田大宅，设爵禄，所以易民死命也。今上尊贵轻物重生之士，而索民之出死而重殉上事，不可得也。藏书策，习谈论，聚徒役，服文学，而议说，世主必从而礼之，曰："敬贤士，先王之道也。"夫吏之所税，耕者也；而上之所养，学士也。耕者则重税，学士则多赏，而索民之疾作而少言谈，不可得也。立节参[2]〔民〕名，执操不侵[3]，怨言过于耳，必随之以剑，世主必从而礼之，以为自好之士。夫斩首之劳不赏，而家斗之勇尊显，而索民之疾战距敌而无私斗，不可得也。国平则养儒侠，难至则用介

① 疢，久病。

② 参，犹"立"。

③ 执义操之心，而不为人所侵。

士，所养者非所用，所用者非所养，此所以乱也。且夫人主于听学也，若是其言，宜布之官而用其身；若非其言，宜去其身而息其端。今以为是也，而弗布于官；以为非也，而不息其端。是而不用，非而不息，乱亡之道也。

澹台子羽[①]，君子之容也，仲尼几而取之[②]，与处久而行不称其貌；宰予[③]之辞，雅而文也，仲尼几而取之，与处而智不充其辩。故孔子曰："以容取人乎，失之子羽；以言取人乎，失之宰予。"故以仲尼之智，而有失实之声。今之新辩滥乎宰予，而世主之听眩乎仲尼，为悦其言，因任其身，则焉得无失乎！是以魏任孟卯之辩，而有华下之患[④]；赵任马服之辩，而有长平之祸[⑤]。此二者，任辩之失

① 澹台，姓，子羽，字，名灭明，孔子弟子。

② 几，期。仲尼见澹台子羽有君子之容，以为当有君子之德，而取为弟子。

③ 宰予，即宰我，孔子弟子。

④ 华下，即华阳。事在秦武王三十四年、魏安釐王四年。

⑤ 马服，赵奢子赵括。赵孝成王六年，廉颇将军军长平。七年，廉颇免而赵括代将。秦人围赵括，括以军降．卒四十万皆坑之长平。长平，在今山西高平市。

也。夫视锻锡而察青黄，区冶不能以必剑[①]；水击鹄雁，陆断驹马，则臧获不疑钝利。发齿吻形容，伯乐不能以必马[②]；授车就驾，而观其末涂，则臧获不疑驽良。观容服，听辞言，仲尼不能以必士；试之官职，课其功伐，则庸人不疑于愚智。故明主之吏，宰相必起于州部，猛将必发于卒伍。夫有功者必赏，则爵禄厚而愈劝；迁官袭级，则官职大而愈治。夫爵禄大而官职治，王之道也。

磐石千里，不可谓富；象人百万[③]，不可谓强。石非不大，数非不众也，而不可谓富强者，磐石不生粟，象人不可使距敌也。今商官技艺之士，亦不垦而食，是地不垦，与磐石一贯也；儒侠毋军劳〔显〕而显[④]荣者，则民不使，与象人同事也。夫〔祸〕知祸[⑤]磐石象人，而不知祸商官儒侠为不垦之

① 治剑必锻以锡。青黄，剑烧色。区冶，一作“欧冶”，古善铸剑者。谓仅察剑之材料与其烧色，仍不能决剑之利钝。

② 发齿吻，谓开马口而相其齿吻。“形容”上脱“相”字。伯乐，古善相马者。

③ 象人，即俑人，《孟子·梁惠王上》：“仲尼曰：‘始作俑者，其无后乎！’谓其象人而用之也。”

④ 显，依王先谦说，移“而”下。

⑤ 祸，依顾广圻说，移“知”下。

地、不使之民，不知事类者也。

故敌国之君王，虽说吾义，吾弗入贡而臣；关内之侯，虽非吾行，吾必使执禽而朝。是故力多则人朝，力寡则朝于人，故明君务力。夫严家无悍虏[①]，而慈母有败子，吾以此知威势之可以禁暴，而德厚之不足以止乱也。

夫圣人之治国，不恃人之为吾善也，而用其不得为非也。恃人之为吾善也，境内不什数；用人不得为非，一国可使齐。为治者用众而舍寡[②]，故不务德而务法。夫必恃自直之箭，百世无矢；恃自圜之木，千世无轮矣。自直之箭、自圜之木，百世无有一，然而世皆乘车射禽者，何也？隐栝[③]之道用也。虽有不恃隐栝，而有自直之箭、自圜之木，良工弗贵也。何则？乘者非一人，射者非一发也。不恃赏罚，而恃自善之民，明主弗贵也。何则？国法不可失，而所治非一人也。故有术之君，不随适然[④]之

---

① 虏，奴仆。

② 用不得为非之法，而舍待贤者之论。

③ 揉曲曰“隐”，正方曰“栝”。

④ 适然，谓偶然。

善，而行必然之道。

今或谓人曰“使子必智而寿”，则世必以为狂。夫智，性也；寿，命也。性命者，非所学于人也，而以人之所不能为说人，此世之所以谓之为狂也。谓之不能然，则是谕也。夫谕，性也。以仁义教人，是以智与寿说人也，有度之主弗受也。故善毛啬、西施之美，无益吾面；用脂泽粉黛，则倍其初。言先王之仁义，无益于治；明吾法度，必吾赏罚者，亦国之脂泽粉黛也。故明主急其助[①]而缓其颂，故不道仁义。

今巫祝之祝人曰：“使若[②]千秋万岁。”千秋万岁之声聒耳，而一日之寿，无征于人，此人所以简巫祝也。今世儒者之说人主，不言今之所以为治，而语已治之功；不审官法之事，不察奸邪之情，而皆道上古之传誉、先王之成功。儒者饰辞曰：“听吾言，则可以霸王。”此说者之巫祝，有度之主不受也。故明主举实事，去无用，不道仁义者故[③]，不

① 助，一作“功”。
② 若，汝。
③ “者”字与古“诸”通。故，事。

听学者之言。

今不知治者，必曰“得民之心”。欲得民之心而可以为治，则是伊尹、管仲无所用也，将听民而已矣。民智之不可用，犹婴儿之心也。夫婴儿不剔首则腹痛[①]，不副痤[②]则寖益。剔首副痤，必一人抱之，慈母治之，然犹啼呼不止，婴儿子不知犯其所小苦，致其所大利也。今上急耕田垦草，以厚民产也，而以上为酷；修刑重罚，以为禁邪也，而以上为严；征赋钱粟，以实仓库，且以救饥馑、备军旅也，而以上为贪；境内必知介而无私解，并力疾斗，所以禽虏也，而以上为暴。此四者，所以治安也，而民不知悦也。夫求圣通之士者，为民知之不足师用。昔禹决江浚河，而民聚瓦石[③]；子产开亩树桑，郑人谤訾。禹利天下，子产存郑，皆以受谤，夫民智之不足用亦明矣。故举士而求贤智，为政而期适民，皆乱之端，未可与为治也。

---

① 剔首，剃发。小儿宜冷头，不剃发则郁热聚于头，心腹冷痛。

② 副，裂而溃之。痤，痈。

③ 谓聚瓦石击禹。

心度

圣人之治民，度于本，不从其欲，期于利民而已。故其与之刑，非所以恶民，爱之本也[①]。刑胜而民静，赏繁而奸生。故治民者，刑胜，治之首也；赏繁，乱之本也。

夫民之性，喜其乱而不亲其法。故明主之治国也，明赏，则民劝功；严刑，则民亲法。劝功，则公事不犯；亲法，则奸无所萌。故治民者，禁奸于未萌；而用兵者，服战于民心[②]。禁先其本者治，兵战其心者胜。圣人之治民也，先治者强，先战[③]者胜。

---

① 为良民除奸邪，是博爱之本。

② 民心能服其战令。

③ 先战，谓先战心。

夫国事，务先而一民心，专举公而私不从，赏告而奸不生，明法而治不烦。能用四者[①]强，不能用四者弱。夫国之所以强者，政也；主之所以尊者，权也。故明君有权有政，乱君亦有权有政，积而不同，其所以立异也。故明君操权而上重，一政而国治。

故法者，王之本也；刑者，爱之自[②]也。夫民之性，恶劳而乐佚。佚则荒，荒则不治，不治则乱，而赏刑不行于〔天〕[③]下者，必塞。故欲举大功，而难致力者，大功不可几[④]而举也；欲治其法，而难变其故[⑤]者，民乱不可几而治也。

故治民无常，唯法为治。法与时转则治，治与世宜则有功。故民朴而禁之以名，则治；世知而[⑥]维之以刑，则从。时移而〔治〕法不易者乱，能治

① 四者，谓务先、举公、赏告、明法。

② 自，古“鼻”字；鼻，始。

③ 天，依顾广圻说删。

④ 几，幸。

⑤ 故，民性之结习。

⑥ 知，通“智”。而，依卢文弨说增。

众而禁不变者削。故圣人之治民，〔治〕法[①]与时移，而禁与能变。

能〔越〕趋[②]力于地者富，能趋力于敌者强，强不塞[③]者王。故王道在所开，在所塞[④]。塞其奸者必王。故王术不恃外之不乱也，恃其不可乱也[⑤]。恃外不乱而治[⑥]立者削，恃其不可乱而行法者兴。故贤君之治国也，适于不可乱之术[⑦]；贵爵则上重，故赏功爵任，而邪无所关。好力者，其爵贵，爵贵则上尊，上尊则必王。国不事力而恃私学者，其爵贱，爵贱则上卑，上卑者必削。故立国用民之道〔也〕，能闭外[⑧]塞私而上自恃者，王可致也。

---

① 依王先谦说改。

② 越，依顾广圻说改“趋”。

③ 不塞，通行；与上“必塞”对。

④ 开，开公道，开力作；塞，塞浮辞，塞私义。

⑤ 不幸人之不乱，而恃己之不可乱。

⑥ 王先慎《韩非子集解》引顾广圻说谓“治”当作“始”。——校订者注

⑦ 适，合。可，依顾广圻说增。

⑧ 也，依王先谦说删。外，外国；闭外，使外国不能谋我。

图书在版编目（CIP）数据

韩非子 / 唐敬杲选注；赵学清校订．—北京：商务印书馆，2020
（学生国学丛书新编 / 王宁主编）
ISBN 978-7-100-18120-4

Ⅰ.①韩…　Ⅱ.①唐… ②赵…　Ⅲ.①法家 ②《韩非子》—注释　Ⅳ.① B226.52

中国版本图书馆 CIP 数据核字（2020）第 032807 号

学生国学丛书新编
韩非子
唐敬杲　选注
赵学清　校订

商　务　印　书　馆　出　版
（北京王府井大街 36 号　邮政编码 100710）
商　务　印　书　馆　发　行
北京市十月印刷有限公司印刷
ISBN 978 - 7 - 100 - 18120 - 4

2020 年 10 月第 1 版　　开本 787 × 1092　1/32
2020 年 10 月北京第 1 次印刷　　印张 5⅝

定价：27.00 元